自然をまもる。命をまもる。

Planting Seeds of Growth
For the Children of the Future

イオン平和の森

宜野湾市・公益財団法人イオン環境財団

2018年12月8日

ÆON Environmental Foundation

〒261-8515　千葉市美浜区中瀬1-5-1
TEL. 043-212-6022　FAX. 043-212-6815
E-mail　ef@aeon.info
https://www.aeon.info/ef/

ホームページ

Facebook

Instagram

LINE

G7 HIROSHIMA SUMMIT 2023 GUIDE

G7広島
サミット
ガイドブック
2023

G7SUMMIT2023
HIROSHIMA
GUIDE

未来を、ひろげる。

私たちは、お客さまに寄り添い、声に耳を傾け、

真に信頼される〈地域総合サービスグループ〉として

お客さまとともに、この地域の未来をひろげます。

HIROGIN HOLDINGS

広島銀行｜ひろぎん証券｜しまなみ債権回収｜ひろぎんヒューマンリソース｜ひろぎんキャピタルパートナーズ
ひろぎんリース｜ひろぎんエリアデザイン｜ひろぎんクレジットサービス｜ひろぎんITソリューションズ

（2023年4月1日現在）2303

G7 HIROSHIMA 2023

G7 広島サミット 2023

2023年5月19日(金)〜21日(日)

開催地：広島県広島市

会議場：グランドプリンスホテル広島

G7サミットを広島で開催する意義

　2023年に日本はG7議長国として広島サミットを開催します。原子爆弾による壊滅的な被害を受けながらも復興を遂げ、世界の恒久平和を希求する広島において、主要7か国の首脳が集い対話することは極めて大きな意味を持ちます。

　岸田総理は、世界がウクライナ侵略、大量破壊兵器の使用リスクの高まりという未曽有の危機に面している中、日本が議長を務める2023年のG7サミットでは、武力侵略も核兵器による脅しも国際秩序の転覆の試みも断固として拒否するというG7の意思を歴史に残る重みを持って示したいと述べています。こういった考えの下、広島が平和へのコミットメントを示すのに最もふさわしい場所と判断し、政府としてG7サミットを広島で開催することを決定しました。

　G7サミットを機に各国の首脳が被爆の実相に触れ、平和への思いを共有することで、「核兵器のない世界」の実現に向けた歩みが確固たるものとなることが期待できるでしょう。また、被爆から復興を遂げた広島の姿を世界に向けて発信することで、平和のすばらしさを改めて強調していきたいと考えます。

出典：外務省ホームページ（g7hiroshima.go.jp）

The Significance of Holding the G7 Summit in Hiroshima

In 2023, as the G7 Presidency, Japan will host the G7 Hiroshima Summit. It has significant implications that the leaders of the G7 gather for discussions in Hiroshima, a city which has recovered from the catastrophic damage by an atomic bomb and which continues to seek lasting world peace.

Prime Minister Kishida states that as the world is facing an unprecedented crisis by aggression against Ukraine and the growing risk of use of weapons of mass destruction, at the G7 Hiroshima Summit in 2023, Japan would like to demonstrate G7's strong determination to categorically deny military aggressions, any threats of nuclear weapons, as well as attempts to overthrow the international order with historical significance. From such viewpoints, the Government of Japan decided to host the G7 Summit in Hiroshima, considering Hiroshima as the most fitting location to express its commitment to peace.

At the occasion of the G7 Hiroshima Summit, the leaders of the G7 will get acquainted with the realities of the nuclear weapon use and share their desire for peace. Japan hopes that it will solidify steps toward achieving a world without nuclear weapons. Furthermore, by showing the world the strength of Hiroshima's recovery from the atomic bombing, Japan can once again emphasize preciousness of peace.

岸田総理メッセージ

　本年、令和 5 年は、我が国が年間を通じて、G 7 議長国を務めます。北は札幌から、南は宮崎まで、一年を通じ、全国各地で10を超える閣僚会合が開催され、各国から政府関係者やメディアの皆さんなど多くの人たちが日本を訪れます。

　そして、5 月19日から21日には、私の地元、広島で、G 7 サミットが開催されます。広島は、緑豊かな中国山地と、静かで波平らかな瀬戸内海に囲まれた美しい街です。私自身、G 7 各国のリーダーを広島の地でお迎えできることを楽しみにしていますが、世界の注目が集まる本年を通じて、日本各地が織りなす景色や伝統文化、食、そして最先端の技術まで、我が国の魅力を世界に向けて発信する機会が到来します。

　今日国際社会は、コロナ禍に見舞われ、また、国際秩序を根幹から揺るがすロシアによるウクライナ侵略に直面し、歴史的な転換期を迎えつつあります。力による一方的な現状変更の試みや核兵器による威嚇、その使用を断固として拒否し、法の支配に基づく国際秩序を守り抜く。――― G 7 議長として、議論を牽引し、こうした G 7 の強い意志を、歴史に残る重みを持って、力強く世界に示したいと考えます。

　エネルギー、食糧安全保障を含む世界経済、ウクライナやインド太平洋を含む地域情勢、核軍縮・不拡散、経済安全保障、また、気候変動、保健、開発といった地球規模の課題など、国際社会が直面する課題は山積しています。G 7 の首脳が胸襟を開いて議論を深め、未来に向けてのアイデアとプランを明確に指示するよう、議長国として主導していきます。

　また、G 7 議長年は、次世代の若者たちや、そのまた次の世代の子供たちが、世界の課題に目を向け、行動する貴重なきっかけにもなります。明日の日本と世界の舵とりを担う彼らが、色々な場所と趣向で交流を深め、共に学び、サミットを体感できるような機会も用意します。

　会合開催地の皆様、そしてそれ以外の日本全国の皆様のご協力も頂戴しながら、この G 7 議長年を一緒に盛り上げ、サミットと閣僚会合の成功に向けて、そして日本と世界の明るい未来に向けて、共に歩んでいきましょう。

岸田文雄

出典：外務省ホームページ（g7hiroshima.go.jp）

Message by Prime Minister Kishida

　In 2023, Japan assumes the G7 Presidency. Throughout the year, more than 10 Ministerial Meetings will take place in Japan, from Sapporo in the north to Miyazaki in the south, attended by many government officials, the media, and others from around the world.

　From May 19 to 21, the G7 Summit will be held in Hiroshima, my hometown. Hiroshima is a beautiful city surrounded by the lush green Chugoku Mountains, facing the calm Seto Inland Sea. I truly look forward to welcoming the G7 Leaders to Hiroshima. At the same time, as the world's attention turns to Japan this year, it will be a great opportunity to show the world the charms of our country, from beautiful landscapes, traditional culture and local foods to cutting-edge technology.

　Having experienced the COVID-19 pandemic and being faced with Russia's aggression against Ukraine, which shook the very foundation of the international order, the international community is now at a historic turning point. The G7 firmly rejects any unilateral attempt to change the status quo by force or the threat or use of nuclear weapons and upholds the international order based on the rule of law. I will lead the discussion as Chair and demonstrate the G7's strong determination to the world with historical significance.

　There are mounting challenges facing the international community, such as the global economy including energy and food security, regional affairs including Ukraine and the Indo-Pacific, nuclear disarmament and non-proliferation, economic security, and global issues including climate change, global health, and development. As Chair, I will facilitate candid discussions among the G7 Leaders to articulate ideas and plans for the future.

　The year of the G7 Presidency will also serve as a valuable opportunity for the next generation and beyond, the youth and children, to turn their attention to global issues and take action. We will provide various opportunities to deepen exchanges, learn together, and experience the Summit for those who will be at the helm of tomorrow's Japan and world.

　With the cooperation of everyone in Japan, including the host cities and prefectures, I wish to foster the momentum of the G7 Presidency year. Let us work together toward the success of the Summit and Ministerial Meetings as well as toward a bright future for Japan and the world.

KISHIDA Fumio

関係閣僚会合スケジュール

G7 札幌気候・エネルギー・環境大臣会合

会　期：2023年 4 月15日〜16日
開催地：北海道札幌市
所　管：経済産業省、環境省

G7 長野県軽井沢外務大臣会合

会　期：2023年 4 月16日〜18日
開催地：長野県軽井沢町
所　管：外務省

G7 倉敷労働雇用大臣会合

会　期：2023年 4 月22日〜23日
開催地：岡山県倉敷市
所　管：厚生労働省

G7 宮崎農業大臣会合

会　期：2023年 4 月22日〜23日
開催地：宮崎県宮崎市
所　管：農林水産省

G7 群馬高崎デジタル・技術大臣会合

会　期：2023年 4 月29日〜30日
開催地：群馬県高崎市
所　管：デジタル庁、総務省、経済産業省

G7 新潟財務大臣・中央銀行総裁会議

会　期：2023年 5 月11日〜13日
開催地：新潟県新潟市
所　管：財務省

G7 仙台科学技術大臣会合

会　期：2023年 5 月12日〜14日
開催地：宮城県仙台市
所　管：内閣府

G7 富山・金沢教育大臣会合

会　期：2023年 5 月12日〜15日
開催地：富山県富山市・石川県金沢市
所　管：文部科学省

G7 長崎保健大臣会合

会　期：2023年 5 月13日〜14日
開催地：長崎県長崎市
所　管：厚生労働省

G7 三重・伊勢志摩交通大臣会合

会　期：2023年 6 月16日〜18日
開催地：三重県志摩市
所　管：国土交通省

G7 栃木県・日光男女共同参画・女性活躍担当大臣会合

会　期：2023年 6 月24日〜25日
開催地：栃木県日光市
所　管：内閣府

G7 司法大臣会合

会　期：2023年 7 月 7 日
開催地：東京都
所　管：法務省

G7 香川・高松都市大臣会合

会　期：2023年 7 月 7 日〜 9 日
開催地：香川県高松市
所　管：国土交通省

G7 大阪・堺貿易大臣会合

会　期：2023年10月28日〜29日
開催地：大阪府堺市
所　管：外務省、経済産業省

G7 茨城水戸内務・安全担当大臣会合

会　期：2023年12月 8 日〜10日
開催地：茨城県水戸市
所　管：警察庁

サミットの歴史
History of the G7/G8 Summit

　主要国首脳会議（サミット）誕生のきっかけは、1970年代の世界情勢の変化にある。

　いわゆるニクソンショックをはじめ、第一次オイルショックなどに直面した先進国では、世界的な経済政策について、首脳レベルでの協議の必要性が高まる。

　このような状況のもと、フランスのジスカール・デスタン大統領の呼びかけによって、1975年11月、パリ郊外ランブイエ城に日、米、英、仏、独、伊 6 か国の首脳が集まり会議が開催される。このランブイエでの首脳会議の結果、先進国の首脳が集まり世界的な政策協調を議論することの重要性が認識され、毎年先進主要国の首脳が集まり会合を持つことになった。この時点では、先進国首脳会議と呼ばれた。

　ランブイエ会議の翌年、1976年 6 月にはアメリカ合衆国が議長国となってサンフアン（プエルトリコ）で、第 2 回サミットが開催された。このときには、日、米、英、仏、独、伊に加えてカナダが参加してG 7 を形成する。

　東西冷戦終結後、ソビエト連邦が崩壊しロシア共和国が誕生すると、サミットにおいてもロシアが加わって 8 か国会議が開催されることになる。ロシアが公式に加わりG 8 となったのは、1998年 5 月のバーミンガム（イギリス）サミットだ。それまでは先進国首脳会議と呼ばれていたが、これ以降「主要国首脳会議」と呼ばれるようになる。

　ところが2014年 3 月、ロシアが軍事力を背景にクリミアを編入してしまうと、西側諸国はロシアのサミット参加資格を停止する。2014年 6 月ブリュッセル（ベルギー）サミットは、G 8 からG 7 に戻った最初の公式サミットだ。日本が議長国となった最初のサミットは、1979年 6 月の東京サミット。以降、2016年 5 月の伊勢志摩サミットまで計 6 回開催され、今回の広島で 7 回目となる。

World affairs changed dramatically in the 1970s. Industrialized countries faced a series of economic crisis, such as the Nixon shock and the first oil crisis. It became essential for heads of state to gather and discuss global economic policies at the summit level.

Under such circumstances, the first summit was initiated by former French President Giscard d'Estaing. In November 1975, the leaders of six nations (Japan, the United States, the United Kingdom, France, Germany, and Italy) gathered at the Castle of Rambouillet near Paris, France. This gathering demonstrated the importance of global leaders meeting to discuss shared policies, and they decided to do so annually. Currently, this meeting is known as the G7 (Group of Seven) summit.

Following the Rambouillet Summit, the US hosted the second summit in San Juan, Puerto Rico in June 1976. This time, the original members were joined by Canada, forming the G7 summit.

After the collapse of the Soviet Union, the end of the Cold War, and the establishment of the Russian Federation, Russia was invited to join the summit. Russia officially joined at the Birmingham Summit in the UK in May 1998, marking the start of the G8 Summit.

However, after Russia invaded and annexed Crimea in March 2014, the other nations suspended Russia's eligibility to participate in the summit. At the Brussels Summit in Belgium in June 2014, the G8 summit once again became the G7 summit.

Japan has hosted six G7/G8 summits. The first was held in Tokyo in June 1979 and the sixth was held in Ise-Shima in May 2016. The Hiroshima Summit will be its seventh.

サミット開催年表（1975〜2023年）

第1回 ▶ フランスサミット

日時	議長国・開催地	日本の首相／備考
1975年 11月15日〜17日	フランス・ ランブイエ	三木武夫首相 仏・英・独・伊・米・ 日の6か国で開催

第2回 ▶ プエルト・リコサミット

日時	議長国・開催地	日本の首相／備考
1976年 6月27日〜28日	フランス・ ランブイエ	三木武夫首相 カナダが加わりG7と なる

第3回 ▶ ロンドンサミット

日時	議長国・開催地	日本の首相／備考
1977年 5月7日〜8日	イギリス・ ロンドン	福田赳夫首相

第4回 ▶ ボンサミット

日時	議長国・開催地	日本の首相／備考
1978年 7月16日〜17日	西ドイツ・ ボン	福田赳夫首相

第5回 ▶ 東京サミット

日時	議長国・開催地	日本の首相／備考
1979年 6月28日〜29日	日本・ 東京	大平正芳首相 日本で初の開催

第6回 ▶ ヴェネチアサミット

日時	議長国・開催地	日本の首相／備考
1980年 6月22日〜23日	イタリア・ ヴェネチア	大来佐武郎外務大臣 （大平正芳首相死去に より代理出席）

第7回 ▶ オタワサミット

日時	議長国・開催地	日本の首相／備考
1981年 7月20日〜21日	カナダ・ オタワ	鈴木善幸首相

第8回 ▶ ヴェルサイユサミット

日時	議長国・開催地	日本の首相／備考
1982年 6月4日〜6日	フランス・ ヴェルサイユ	鈴木善幸首相

第9回 ▶ ウイリアムズバーグサミット

日時	議長国・開催地	日本の首相／備考
1983年 5月28日〜30日	アメリカ・ ウイリアムズバーグ	中曽根康弘首相

第10回 ▶ ロンドンサミット

日時	議長国・開催地	日本の首相／備考
1984年 6月7日〜9日	イギリス・ ロンドン	中曽根康弘首相

第11回 ▶ ボンサミット

日時	議長国・開催地	日本の首相／備考
1985年 5月2日〜4日	西ドイツ・ ボン	中曽根康弘首相

第12回 ▶ 東京サミット

日時	議長国・開催地	日本の首相／備考
1986年 5月4日〜6日	日本・ 東京	中曽根康弘首相

第13回 ▶ ヴェネチアサミット

日時	議長国・開催地	日本の首相／備考
1987年 6月8日〜10日	イタリア・ ヴェネツィア	中曽根康弘首相

第14回 ▶ トロントサミット

日時	議長国・開催地	日本の首相／備考
1988年 6月19日〜21日	カナダ・ トロント	竹下登首相

第15回 ▶ アルシュサミット

日時	議長国・開催地	日本の首相／備考
1989年 7月14日〜16日	フランス・ ラ・デファンス	宇野宗佑首相 フランス革命200年祭 に合わせて開催

第16回 ▶ ヒューストンサミット

日時	議長国・開催地	日本の首相／備考
1990年 7月9日〜11日	アメリカ・ ヒューストン	海部俊樹首相

第17回 ▶ ロンドンサミット

日時	議長国・開催地	日本の首相／備考
1991年 7月15日〜17日	イギリス・ ロンドン	海部俊樹首相

第18回 ▶ ミュンヘンサミット

日時	議長国・開催地	日本の首相／備考
1992年 7月6日〜8日	ドイツ・ ミュンヘン	宮沢喜一首相

第19回　東京サミット

日時	議長国・開催地	日本の首相／備考
1993年 7月7日〜9日	日本・ 東京	宮沢喜一首相

第20回　ナポリサミット

日時	議長国・開催地	日本の首相／備考
1994年 7月8日〜10日	イタリア・ ナポリ	村山富市首相

第21回　ハリファックスサミット

日時	議長国・開催地	日本の首相／備考
1995年 6月15日〜17日	カナダ・ ハリファックス	村山富市首相

第22回　リヨンサミット

日時	議長国・開催地	日本の首相／備考
1996年 6月27日〜29日	フランス・ リヨン	橋本龍太郎首相

第23回　デンバーサミット

日時	議長国・開催地	日本の首相／備考
1997年 6月20日〜22日	アメリカ・ デンバー	橋本龍太郎首相

第24回　バーミンガムサミット

日時	議長国・開催地	日本の首相／備考
1998年 5月15日〜17日	イギリス・ バーミンガム	橋本龍太郎首相 ロシアが加わりG8となる

第25回　ケルンサミット

日時	議長国・開催地	日本の首相／備考
1999年 6月18日〜20日	ドイツ・ ケルン	小渕恵三首相

第26回　九州・沖縄サミット

日時	議長国・開催地	日本の首相／備考
2000年 7月21日〜23日	日本・ 名護市	森喜朗首相 日本初の地方開催サミット

第27回　ジェノヴァサミット

日時	議長国・開催地	日本の首相／備考
2001年 7月20日〜22日	イタリア・ ジェノヴァ	小泉純一郎首相

第28回　カナナスキスサミット

日時	議長国・開催地	日本の首相／備考
2002年 6月26日〜27日	カナダ・ カナナスキス	小泉純一郎首相

第29回　エビアンサミット

日時	議長国・開催地	日本の首相／備考
2003年 6月2日〜3日	フランス・ エビアン	小泉純一郎首相

第30回　シーアイランドサミット

日時	議長国・開催地	日本の首相／備考
2004年 6月8日〜10日	アメリカ・ シーアイランド	小泉純一郎首相

第31回　グレンイーグルズサミット

日時	議長国・開催地	日本の首相／備考
2005年 7月6日〜8日	イギリス・ グレンイーグルズ	小泉純一郎首相 ロンドン同時爆破テロで予定が大幅変更

第32回　サンクトペテルブルクサミット

日時	議長国・開催地	日本の首相／備考
2006年 7月15日〜17日	ロシア・ サンクトペテルブルク	小泉純一郎首相 ロシアで初開催

第33回　ハイリゲンダムサミット

日時	議長国・開催地	日本の首相／備考
2007年 6月6日〜8日	ドイツ・ ハイリゲンダム	安倍晋三首相

第34回　北海道・洞爺湖サミット

日時	議長国・開催地	日本の首相／備考
2008年 7月7日〜9日	日本・ 洞爺湖町	福田康夫首相

第35回　ラクイラサミット

日時	議長国・開催地	日本の首相／備考
2009年 7月8日〜10日	イタリア・ ラクイラ	麻生太郎首相 地震被災地支援のためラクイラで開催

第36回　ムスコカサミット

日時	議長国・開催地	日本の首相／備考
2010年 6月25日〜27日	カナダ・ ハンツビル	菅直人首相 G8に続いてG20も開催

第37回　ドーヴィルサミット

日時	議長国・開催地	日本の首相／備考
2011年 5 月26日〜27日	フランス・ ドーヴィル	菅直人首相

第38回　キャンプデービッドサミット

日時	議長国・開催地	日本の首相／備考
2012年 5 月18日〜19日	アメリカ・ キャンプデービッド	野田佳彦首相

第39回　ロック・アーンサミット

日時	議長国・開催地	日本の首相／備考
2013年 6 月17日〜18日	イギリス・ ロック・アーン	安倍晋三首相

第40回　ブリュッセルサミット

日時	議長国・開催地	日本の首相／備考
2014年 6 月 4 日〜 5 日	ベルギー・ ブリュッセル	安倍晋三首相 ロシアの参加資格停止、G 7 に戻る

第41回　エルマウサミット

日時	議長国・開催地	日本の首相／備考
2015年 6 月 7 日〜 8 日	ドイツ・ エルマウ	安倍晋三首相

第42回　伊勢志摩サミット

日時	議長国・開催地	日本の首相／備考
2016年 5 月26日〜27日	日本・ 志摩市	安倍晋三首相

第43回　タオルミーナサミット

日時	議長国・開催地	日本の首相／備考
2017年 5 月26日〜27日	イタリア・ タオルミーナ	安倍晋三首相

第44回　シャルルボアサミット

日時	議長国・開催地	日本の首相／備考
2018年 6 月 8 日〜 9 日	カナダ・ シャルルボア	安倍晋三首相

第45回　ビアリッツサミット

日時	議長国・開催地	日本の首相／備考
2019年 8 月24日〜26日	フランス・ ビアリッツ	安倍晋三首相

第46回　キャンプデービッドサミット

日時	議長国・開催地	日本の首相／備考
2020年 6 月10日〜12日	アメリカ・ キャンプデービッド	新型コロナウイルスにより中止。初の事態

第47回　コーンウォールサミット

日時	議長国・開催地	日本の首相／備考
2021年 6 月11日〜13日	イギリス・ コーンウォール・カービス湾	菅義偉首相

第48回　エルマウサミット

日時	議長国・開催地	日本の首相／備考
2022年 6 月26日〜28日	ドイツ・ エルマウ	岸田文雄首相

第49回　広島サミット

日時	議長国・開催地	日本の首相／備考
2023年 5 月19日〜21日	日本・ 広島市	岸田文雄首相 日本で 7 回目

French Republic

フランス共和国

エマニュエル・マクロン大統領の素顔

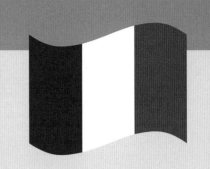

エマニュエル・ジャン＝ミシェル・フレデリック・マクロンは、1977年12月21日、フランスのソンム県アミアンで神経学者の父親と医師である母親との間に長男として生まれる。

1998年、パリ政治学院に入学するが、ほぼ同時にパリのナンテール大学（パリ第10大学）にも入学。そこで政治哲学に関する論文で修士号を取得する。卒業後、今度は国立行政学院に進む。

2004年、国立行政学院を卒業するとマクロンは、アンスペクション・ジェネラル・デ・フィナンス（IGF）の財務監査官に就任する。

2008年、マクロンは財務監査官を辞し、ロスチャイルド銀行に転職する。およそ3年8か月にわたって投資顧問業で活躍することとなる。

2012年5月、フランソワ・オランドが大統領に就任すると、マクロンは大統領府事務次長に任命される。そして2014年8月には、第2次マニュエル・バルス内閣の経済・産業・デジタル大臣に就任する。ジスカール・デスタン以来、最年少大臣の誕生となった。

マクロンは、2006年から2009年までは社会党に属していたが、その後無所属となる。しかし2016年4月、マクロンは「左派でも右派でもない政治」を目指すと宣言し、中道の政治団体「アン・マルシュ！」（前進！）を結成する。

2016年8月、マクロンは大臣を辞任し11月には大統領選挙への立候補を表明する。そして、2017年5月の決選投票を経てマクロンは第五共和制第8代大統領に就任する。史上最年少の大統領の誕生だ。

なお、同年6月、前進！は「共和国前進！」と改称される。

Emmanuel Jean-Michel Frédéric Macron was born on December 21, 1977 in Amiens, Somme, France. He is the first son of a neurologist (father) and a physician (mother).

In 1998, Macron entered the Paris Institute of Political Studies. Around the same time he also entered Université Paris Nanterre (Paris-X), where he earned a master's degree with a thesis on political philosophy. After graduating, he entered Ecole Nationale d'Administration (ENA).

After graduating from ENA in 2004, Macron served as a finance inspector in the Inspectorate General of Finance (IGF).

In 2008, Macron left the IGF and took a position at Rothschild & Cie Banque, where he worked as an investment banker for about 3 years and 8 months.

When François Hollande was elected to the presidency in May 2012, Macron was appointed Deputy General Secretary of the Presidency of the Republic. In August 2014, he became the Minister of Economy, Industry and Digital Affairs in the second Manuel Valls Cabinet. He was the youngest minister since Giscard d'Estaing.

Macron was a member of the Socialist Party from 2006 to 2009, but later became an independent. However, in April 2016 he formed the centrist political party *En Marche!* ("Forward!"), aiming for a political movement that was "neither left nor right."

Macron resigned as Minister in August 2016, and declared his candidacy for the presidency in November. In the second round of voting in May 2017, Macron was elected the eighth President of the Fifth Republic. He is the youngest president in French history.

In June 2017, *En Marche!* was renamed *La République En Marche!* ("Republic Forward").

ルーブル美術館

President of the French Republic
Emmanuel Macron

Photo : Soazig de la Moissonnière / DILA-La Documentation française

地理的環境 （Geography）

　フランスはヨーロッパ連合（EU）最大の国土面積を誇る。北海西部から英仏海峡、大西洋へと続き、南は地中海に接するおよそ5500㎞の海岸線を持つ。

　内陸部は、広大な山岳地帯が東部と南部に広がる。また、北部にはセーヌ川、西部にはロワール川とガロンヌ川、そしてスイスと地中海の間にはローヌ川が流れる。まさに変化に富む自然環境に恵まれた国だ。

　なおフランスには、数多くの海外領土がある。北アメリカ沖をはじめ、太平洋、インド洋、南アメリカ、南極地方などにおびただしい数の島や領土を持つ。

France is the largest country in the European Union (EU). It has approximately 5,500 km of coastline along the western North Sea, the English Channel, and the Atlantic Ocean, as well as the Mediterranean Sea in the south.

The country is blessed with diverse natural beauty. Vast mountain ranges stretch across the eastern and southern regions. The Seine River runs in the north, the Loire and the Garonne in the west, and the Rhône flows between Switzerland and the Mediterranean Sea.

France has many overseas territories, including many islands and regions off the coast of North America, in the Pacific and Indian Oceans, and in South America and Antarctica.

歴 史 (History)

　フランスという国名は、5 世紀にガリアに定住したフランク族（ゲルマン人の一派）に由来する。しかしながら、国としてのフランスが成立するのは、9 世紀まで待たなければならない。843 年のベルダン条約、870 年のメルセン条約を経て、西フランク王国、東フランク王国、イタリア王国が成立、後のフランス、ドイツ、イタリアの基礎となったのだ。

　The name of the country comes from the Franks, a group of Germanic people who settled in Gaul in the fifth century. However, France was not formed as a country until the ninth century, when the Treaty of Verdun in 843 and the Treaty of Mersen in 870 led to the establishment of the West Frankish Kingdom, the East Frankish Kingdom and the Kingdom of Italy, which later became France, Germany, and Italy.

　20 世紀に入ると、2 度の世界大戦によって、世界は大きく変化する。フランスは第 1 次大戦で戦勝国となるが、大きな被害を受ける。

　続いて、第 2 次大戦では暗い時代を迎えることになるが、レジスタンス運動が新しい政治階層の形成を育む。1958 年10月、新憲法が公布され、第 5 共和国が始まる。

　In the 20th century, the world was changed greatly by two world wars. France was victorious in the First World War, but suffered greatly. France entered a dark period following the Second World War, but the resistance movement led to the formation of new political groups. A new constitution was enacted in October 1958, marking the start of the Fifth Republic.

政治体制 (Political system)

　第 5 共和国憲法では、フランスを「不可分の、非宗教的、民主的かつ社会的な共和国である」と定める。大統領は直接普通選挙によって選出され、任期は 5 年。大統領は首相を任命する。

　国民議会の議員数は577人で、任期は 5 年。直接

　The Constitution of the Fifth Republic states that "France is an indivisible, secular, democratic and social Republic." The president is elected directly by the citizens to a five-year term. The president appoints the prime minister.

　The National Assembly has 577 members, elected directly by the citizens to five-year terms. The Senate is

普通選挙で選出される。上院の議員348人は任期 6 年で、間接普通選挙で選出される。国民議会と上院は政府を統制し、法律を起草、評決する。意見が一致しない場合には、国民議会が最終的に議決する。

composed of 348 members, elected indirectly to six-year terms.

　The National Assembly and the Senate regulate the government, and draft and approve legislation. If they cannot come to an agreement, the National Assembly votes on the final decision.

文 化 (Culture)

　フランスの文化遺産には、フランスで最も美しい村と称えられる「ヴェズレーの教会と丘」をはじめ、世界的に人気の観光地「モン・サン・ミシェルとその湾」、あるいは、ルイ14世から16世の居城となった「ヴェルサイユ宮殿と庭園」など、数多くのユネスコ世

　France has many UNESCO World Heritage sites, including Church and Hill at Vézelay, one of the most beautiful villages in France, Mont Saint-Michel and its Bay, a world-famous tourist destination, and the Palace and Park of Versailles, which was the residence for

界遺産がある。

　また、1793 年開業のルーブル美術館は、38万点もの所蔵美術品が展示されている世界最大規模の美術館だ。なお、フランスは芸術の分野においても、豊かな才能に恵まれた芸術家を多く輩出している。

French Kings from Louis XIV to Louis XVI.

　The Louvre Museum, opened in 1793, is the world's largest museum with 380,000 works of art in its collection. France has also produced many talented artists.

経済（Economy）

　フランスは世界第5位の経済大国だ。農業部門においては、EU最大の農業国でもある。ブドウの栽培が重要な位置を占め、ボルドーワインで知られるように、世界最大のワイン、スピリッツの生産国なのだ。

　工業部門においては、自動車、化学、機械、食品、繊維、航空、原子力等が主要産業となっている。また、高級ブランド、観光も重要な産業といえる。

　輸出品としては、農産品、化学製品、自動車、工業製品などで、主な輸出先は、ドイツ、イタリア、ベルギー、スペイン等となっている。

France is the world's fifth largest economy. In agriculture, it is the largest agricultural producer in the EU. The cultivation of grapes is an important part of the country's economy. France is the world's largest producer of wine and spirits, and it is known for Bordeaux wines.

The main industries are automobiles, chemicals, machinery, food, textiles, aviation, and nuclear power. Luxury brands and tourism are also key industries.

Exports include agricultural products, chemical products, automobiles and other industrial products, and major export destinations include Germany, Italy, Belgium, and Spain.

日本との関係（Japan-France Relations）

　日仏の関係はおおむね良好といえる。安倍総理とオランド大統領、マクロン大統領との関係をはじめ、菅総理、岸田総理と続くマクロン大統領との関係は、順調にパートナーシップを構築している。

　経済分野では、自動車をはじめ、航空機、原子力、デジタル、鉄鋼、食品などで、日仏の協力関係が深く、およそ670社以上の日本企業がフランスに進出し10万人以上の雇用を創出している。

Relations between Japan and France are generally good. A strong partnership has been built based on Prime Minister Shinzo Abe's relationships with Presidents Hollande and Macron, as well as the relationships between Prime Ministers Yoshihide Suga and Fumio Kishida and President Macron.

In the economic sector, Japan and France have cooperative relationships in the automobile, aviation, nuclear, digital, steel, and food industries. More than 670 Japanese companies have branches in France, creating more than 100,000 jobs.

経済成長率

■ 名目GDP（10億ドル）
― 実質経済成長率

年	名目GDP	実質経済成長率
2017	2,589	2.4%
2018	2,790	1.8%
2019	2,730	1.8%
2020	2,622	-8.0%
2021年	2,935	7.0%

※出典：IMF（2022年4月公表）

対日本貿易額

	日本への輸出	日本からの輸入
2017年	11,658	7,024
2018年	12,198	7,788
2019年	13,126	7,435
2020年	9,865	6,026
2021年	12,753	7,309

※財務省「貿易統計」　単位＝億円

❶ベルサイユ宮殿　❷エッフェル塔
❸セーヌ川　❹パリの凱旋門

アメリカ合衆国

ジョー・バイデン大統領の素顔

ジョセフ・ロビネット・バイデン・ジュニアはキャサリン・ユージニア・フィネガンとジョセフ・ロビネット・バイデン・シニアの長男として、1942年11月20日、ペンシルベニア州スクラントンで生まれる。

1953年にデラウェア州クレーモントに移り住むと、やがてジョー・バイデンはデラウェア州立大学を卒業し、さらにシラキュース大学で法務博士号を取得。1969年に弁護士となると、翌年、ニューカッスル郡議会議員に選出される。

そして、1973年1月、バイデンは米国史上5番目の若さで上院議員に当選する。ところが当選後間もなく、妻のネイリアと娘のナオミを自動車事故で失い、息子のハンターとボーも重傷を負う。

1977年に、ジル・ジェイコブスと再婚。3年後にアシュリーが誕生する。バイデンは上院議員を連続6期、36年間務めた。その間、上院司法委員会の委員長や少数党筆頭委員を務め、「女性に対する暴力防止法」を起草し、先導する役割を担う。また、12年間にわたり上院外交委員会の委員長として、米国の外交政策の形成に重要な役割を果たした。

2008年の大統領選において、バイデンは民主党から副大統領候補として出馬。オバマ大統領、バイデン副大統領が誕生する。オバマ・バイデン体制は2期8年間に及ぶ。

この間、バイデンは中産階級の生活向上、銃による暴力の削減、女性に対する暴力への対処などのために省庁間の取組みを主導して、議会とともに取り組んだ。2017年1月、オバマ大統領はバイデンに「大統領自由勲章」を授与した。

2019年4月、バイデンは大統領選への出馬を表明する。その時の演説で「米国という国はアイデアなのだ。いかなる軍隊よりも強く、いかなる大洋よりも広く、いかなる独裁者や暴君よりも力のあるアイデアだ。米国は世界で最も絶望している人々に希望を与え、誰もが尊厳を持って扱われることを保証し、憎しみには安住の地を与えない。人生のスタート地点がどこであろうと、努力すれば達成できないものはないという信念をこの国の全ての人々に浸透させる。それが我々の信念だ」と説く。

そして、2021年1月、バイデンはアメリカ合衆国第46代大統領に就任する。

Joseph Robinette Biden, Jr. was born as the oldest son of Joseph Robinette Biden, Sr. and Catherine Eugenia Finnegan on November 20, 1942 in Scranton, Pennsylvania.

In 1953, he moved to Claymont, Delaware. Joe Biden eventually graduated from Delaware State University. Furthermore, he obtained the degree of Juris Doctor from Syracuse University. He became an Attorney in 1969. The next year he was elected to the New Castle County Council.

In January 1973, Biden became the fifth youngest person in U.S. history to be elected to the U.S. Senate. However, after the election, he soon lost his first wife, Neilia and daughter, Naomi, in an automobile accident. His sons, Hunter and Beau were seriously injured.

In 1977, he married Jill Jacobs, his second wife. Three years later, their daughter, Ashley was born. Biden served six consecutive terms in the Senate for 36 years. During that time, he chaired the Senate Judiciary Committee and served as the ranking minority member. He drafted and spearheaded "the Violence Against Women Act". He also played a key role in shaping U.S. foreign policy as chairman of the Senate Foreign Relations Committee for 12 years.

In the 2008 presidential election, Biden ran on the Democratic Party ticket as the Democratic nominee for Vice President with President Barack Obama running as President. President Obama and Vice President Biden were elected for was known as The Obama-Biden Regime. It lasted two terms or eight years.

During this time, Biden led interagency efforts and worked with Congress to improve the lives of the middle class, reduce gun violence, and address violence against women. In January 2017, President Obama awarded Vice President Biden "the Presidential Medal of Freedom".

In April 2019, Biden announced his run for President. In his speech, he said, "America is an idea. An idea that's stronger than any army, bigger than any ocean, more powerful than any dictator or tyrant. It gives hope to the most desperate people on earth, it guarantees that everyone is treated with dignity. And gives hate no safe harbor. It instills in every person in this country the belief that no matter where you start in life there's nothing you can't achieve if you work at it. That's what we believe."

In January 2021, Biden became the 46th President of the United States of America.

国家の基盤

- ■ **国名**：アメリカ合衆国
- ■ **面積**：9,833,517平方キロメートル
- ■ **人口**： 3 億3,200万人
  （2021年 7 月米統計局推計）
- ■ **首都**：ワシントンD．C．
- ■ **言語**：主として英語
- ■ **通貨**：ドル

国旗の由来

星条旗の13本の赤白のストライプは独立当初の13州を表す。左上の星は州を表現し、州が増えるごとに星の数も増える。星が50になったのは1960年。

政治体制

- ■ **大統領**：（任期 4 年）
  ジョセフ・R・バイデン
- ■ **議会**：上院（100人）任期 6 年
  　　　　下院（435人）任期 2 年

メトロポリタン美術館

President of the United States of America
Joseph Robinette "Joe" Biden Jr.

出典：ホワイトハウス ホームページより

地　理 （Geography）

アメリカ合衆国は、50の州とコロンビア特別区で構成される。アラスカ州とハワイ州を除く48州は東西4,500キロにわたる広さで、 4 つの時間帯に分かれる。広大な大陸ゆえに、東西南北それぞれの地域では気候風土の違いはもちろんのこと、独自の地域性を持つ。

The United States of America consists of 50 states and the District of Columbia. The lower 48 states, excluding Alaska and Hawaii, has a total territorial distance of 4,500 km or about 2,797 miles from East to West. They are divided into four time zones. Because of the vastness of the continent, each region has its own unique regional characteristics as well as climatic differences between the four main regions of the East, West, North, and South.

歴　史 （History）

アメリカに最初に住み着いたのは、今から 2 万年以上前にアジアからやってきた狩猟民族だ。当時はベーリング海峡付近でアジア大陸と北米大陸が繋がっていたため、動物を追って移動してきたと考えられる。

1492年、クリストファー・コロンブスが新世界を「発見」した時には、現在の合衆国本土には150万人の先

19

住民がいたといわれる。その後200年にわたって、ヨーロッパの各国からアメリカに渡り、交易所や植民地を築いた。

アメリカ国民の歴史は移民と多様性の歴史でもある。米国がこれまでに受け入れた移民の数は5千万人を超える。現在においても年間70万人近くを受け入れている。まさに「人種のるつぼ」と呼ばれるぐらいの多民族国家なのだ。

1754年に始まる「フレンチ・インディアン戦争」はヨーロッパでの七年戦争と同様に、アメリカ大陸でのイギリスとフランスの戦争だ。当初はインディアン諸部族と組んだフランスが優勢だったが、やがてイギリス本国が力を投入して形勢が逆転して、1763年に終結する。

英国は北米での存在を大きくするが、戦争による大きな負債を追うことになる。英国は次第に植民地での支配を強め、多くの法律によって税収増を図るが、これに対して植民地の住民は反発し、抗議の声を上げていく。

1774年9月、ペンシルベニア州フィラデルフィアで第1回大陸会議が開催され、イギリス国王ジョージ3世に対する陳情書「権利宣言」が作成される。その後も大陸会議が開催され、植民地の独立声明の起草をトマス・ジェファソンら5人に指名。ジェファソンが文書を執筆する。

そして1776年7月4日、大陸議会は満場一致で独立宣言を採択した。

The first people to settle in America were hunters who came from Asia between 13,000 to 13,500 years ago. At that time, the Asian and North American continents were connected near the Bering Strait. It is believed that they migrated in pursuit of animals. When Christopher Columbus "discovered" the New World in 1492, there were 1.5 million indigenous people in what is now the continental United States. Over the next 200 years, people from various European countries migrated to the United States to establish trading posts and colonies.

The history of the American people is also a history of immigration and diversity. The United States has welcomed more than 50 million immigrants. Today, the U.S. still welcomes nearly 700,000 immigrants annually. It is truly a multi-ethnic nation, so much so that it is called "a melting pot of races."

"The French-Indian War" which began in 1754, was a war between Britain and France in the Americas, similar to the Seven Years' War in Europe. At first, the French teamed up with the Indian tribes. The British eventually turned the tables and brought the war to an end in 1763.

The British increased their presence in North America, but they were saddled with a heavy debt from the war. The British gradually increased their control in the colonies and tried to increase tax revenues through a number of laws, to which the colonists responded with protests.

In September 1774, the First Continental Congress was held in Philadelphia, Pennsylvania. The Declaration of Rights, a petition to King George III of England, was prepared. The Continental Congress met again in subsequent years. It appointed Thomas Jefferson and five others to draft a statement of independence for the colonies. Jefferson wrote the document. Then, on July 4, 1776, the Continental Congress unanimously adopted the Declaration of Independence.

政治体制 (Political system)

政体は大統領制と連邦制からなる。大統領の任期は4年。憲法によって三選は禁止されている。議会は上院と下院の二院制。上院は100議席、任期は6年で、2年ごとにおよそ3分の1ずつ改選する。下院は435議席、任期は2年で、2年ごとに全員改選する。

The political system consists of a Presidential system and a federal system. The Presidential term is set for a four-year term with a maximum of two terms possible. The Constitution prohibits a three-year presidential term. The legislature consists of two chambers, the Senate, the Upper House, which has 100 seats and serves a six-year term. One-third of the seats are up for election every two years. The House of Representatives, the Lower House, which has 435 seats and serves a two-year term, with all members elected every two years.

内政・外交 (Domestic and Foreign Affairs)

バイデン政権下の内政は、新型コロナ対策、経済の回復、人種平等、気候変動への対策を重点課題として取り組んでいる。外交においては、EU諸国との関係やNATOの強化、同盟関係の回復と強化を重視するとともに、多国間との枠組みや国際機関への復帰など、国際協調外交を推進している。また、日米間

においては、同盟関係の一層強化や「自由で開かれたインド太平洋」の実現に向けて、日本との連携強化を図ることで一致している。

Domestic policy under the Biden administration focuses on combating the new Covid disease, economic recovery, racial equality, and climate change. In foreign affairs, the administration is emphasizing relations with EU countries, the strengthening of NATO, and the restoration and strengthening of alliances. It is also promoting international cooperative diplomacy, including multilateral frameworks and a return to International Organizations. In addition, Japan and the U.S. leaders agreed to cooperate closely towards the realization of a "Free and Open Indo-Pacific".

経済 (Economy)

米国でも新型コロナ禍の影響は大きく、2020年のGDP（名目）は前年比▲3.4%と落ち込んだが、21年には約23兆米ドル、前年比+5.7%と大きく持ち直した。

おもな産業は、工業全般のほか、小麦、トウモロコシ、大豆、木材などの農林業、金融・保険、不動産業、サービス業など多岐にわたる。主要輸出品目は、自動車、自動車部品、工業用原材料、航空機、医療機器など。輸出先は、カナダ、メキシコ、中国、日本、韓国などとなっている。

日米間の貿易では、日本への輸出額は8兆9,031億円（2021年）、日本からの輸入は14兆8,314億円（同年）。また、米国から日本への直接投資残高は6.4兆円、逆に日本からの直接投資残高は56.6兆円（いずれも2019年末）となっている。

In the U.S. the impact of the new Covid disease was also significant, with the GDP (nominal) falling to -3.4% in 2020 from the previous year. It had been recovering significantly in 2009 to approximately US$23 trillion, up 5.7% from the previous year.

The main industries include: Industry in general, agriculture and forestry (wheat, corn, soybeans, lumber, etc.), finance and insurance, real estate, and other services. Major export items include automobiles, auto parts, industrial raw materials, aircraft, and medical equipment. Export destinations include: Canada, Mexico, China, Japan, and South Korea.

In terms of trade between Japan and the U.S., exports to Japan amounted to 12,610.8 billion yen (in 2020), while imports from Japan totaled 7,453.6 billion yen (in the same year). In addition, the balance of direct investment from the U.S. to Japan is 6.4 trillion yen. Conversely, the balance of direct investment from Japan is 56.6 trillion yen. (both at the end of 2019)

経済成長率

→ 実質経済成長率

年	成長率
2017	2.3%
2018	2.9%
2019	2.3%
2020	-3.4%
2021年	5.7%

※出典：内閣府 月齢経済報告

対日本貿易額

日米貿易構造（2021年）

対日輸出品目	占有率	対日輸入品目	占有率
医薬品	9.6%	自動車	24.2%
穀物類	5.8%	自動車部品	6.1%
液化石油ガス	5.6%	原動機	5.6%
原動機	5.4%	建設・鉱山用機械	3.3%
液化天然ガス	5.3%	半導体等製造装置	2.8%
総額＝8兆9,031億円		総額＝14兆8,314億円	

出典：財務省貿易統計

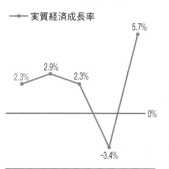

❶ブルックリンからのニューヨーク
❷自由の女神像　❸ホワイトハウス
❹ゴールデンゲートブリッジ

グレートブリテン及び北アイルランド連合王国

リシ・スナク首相の素顔

リシ・スナクは、1980年5月12日にハンプシャー州サウサンプトンで生まれる。父親はケニア生まれの医師、母親はタンザニア生まれの薬剤師で1960年代にイギリスに移住している。

スナクは、ウインチェスター・カレッジからオックスフォード大学のリンカーン・カレッジへと進み、哲学、政治、経済学を学ぶ。その後、フルブライト奨学生としてスタンフォード大学に入学、MBAを取得する。在学中、スナクは後に妻となるアクシャタ・ムルティ（インドの大実業家の娘）と出会っている。

卒業後、スナクはゴールドマン・サックスに就職。その後、英国のヘッジファンドであるザ・チルドレンズ・インベストメント・ファンドとテレメパートナーズでパートナーとして活躍する。

スナクが政界に進出するのは、2015年のイギリス総選挙においてだ。政界を引退するウイリアム・ヘイグの後継としてリッチモンド選挙区から立候補し、下院議員に選出される。2016年、EU脱退を問う国民投票において、スナクはブレグジット支持を表明する。その後。2017年、19年の総選挙で当選、3選を果たす。

2020年、ジョンソン首相のもと、サジド・ジャヴィド財務相の辞任を受け、スナクは後任の財務大臣を任命される。

2022年7月、ジョンソン首相が辞任を発表すると、スナクは保守党党首選挙に立候補を表明。最終的には、リズ・トラスとの決戦投票に臨んだが、敗れることになる。

リズ・トラスは首相となるが、経済政策に失敗、短期間で辞任する。スナクは保守党党首選挙に立候補を表明。結果、無投票で当選する。

2022年10月25日、チャールズ三世国王の任命を受けて、スナクは第79代首相に就任する。42歳、20世紀以降、最も若く、かつ、英国史上初の非白人・アジア系でヒンドゥー教徒の首相が誕生した。

首相に任命された直後の演説を紹介しておく。「現在、我が国は深刻な経済危機に直面しています。Covidの余波はまだ続いています。ウクライナでのプーチンの戦争は、世界中のエネルギー市場とサプライチェーンを不安定にしました。

私が言えることは、私はひるまないということだけです。私は自分が受け入れた高い地位を知っており、その要求に応えたいと思っています。」

Rishi Sunak was born on May 12, 1980, in Southampton, Hampshire. His father was a Kenyan-born doctor and his mother a Tanzanian-born pharmacist who immigrated to England in the 1960s.

Sunak went from Winchester College to Lincoln College at Oxford University, where he studied philosophy, politics, and economics. He then entered Stanford University as a Fulbright Scholar and earned an MBA. While in school, Sunak met his future wife, Akshata Murty, the daughter of a wealthy Indian businessman.

After graduation, Sunak went to work for Goldman Sachs. He later became a partner in two British hedge funds, The Children's Investment Fund Management and Theleme Partners.

Sunak's first foray into politics came in the 2015 UK general election. In 2016, Sunak declared his support for Brexit in the referendum on leaving the European Union. Subsequently, he was elected in the 2017 and 2019 general elections, winning three elections.

In 2020, under Prime Minister Johnson, he was appointed Minister of Finance following the resignation of Finance Minister Sajid Javid.

In July 2022, when Prime Minister Johnson announced his resignation, Sunak announced his candidacy in the Conservative Party leadership election, eventually losing to Liz Truss in a runoff vote.

Liz Truss became Prime Minister, but her economic policies failed and she resigned shortly after. Sunak announced his candidacy for the leadership of the Conservative Party and was elected unopposed.

On October 25, 2022, Sunak was appointed by King Charles III to become the 79th Prime Minister of the United Kingdom. 42 years old, Sunak became the youngest Prime Minister since the 20th century and the first non-white, Asian, Hindu Prime Minister in British history.

In the speech he gave immediately after being appointed Prime Minister, he said "Right now our country is facing a profound economic crisis. The

ナショナルギャラリー

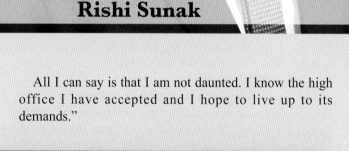

Prime Minister of the United Kingdom
Rishi Sunak

aftermath of Covid still lingers. Putin's war in Ukraine has destabilised energy markets and supply chains the world over.…

All I can say is that I am not daunted. I know the high office I have accepted and I hope to live up to its demands."

地　理（Geography）

　イギリスは、グレートブリテン及び北アイルランド連合王国、つまりグレートブリテン島のイングランド、ウェールズ、スコットランドと北アイルランドで構成される連合王国だ。また、面積の24万3000平方キロは前述の合計面積となる。これ以外にも、イギリスは世界各地に海外領土、王室属領を持つ。

　グレートブリテンおよび北アイルランドは、北大西洋と北海の間に位置し、フランスとは英仏海峡を挟んで35kmの関係にある。1994年5月には、英仏海峡トンネルが開通している。

The United Kingdom of Great Britain and Northern Ireland consists of England, Wales, Scotland, and Northern Ireland, with a total area of 243,000 square kilometers, In addition to this, the United Kingdom has Crown Dependencies and Overseas Territories in various parts of the world. Great Britain and Northern Ireland are located between the North Atlantic Ocean and the North Sea, 35 km from France across the English Channel. The English Channel Tunnel was opened in May 1994.

歴 史（History）

次にイギリスの歴史の概略を紹介しよう。紀元前9世紀ごろから、グレートブリテン島にケルト系の民族が侵入し、ケルト文化を作ったといわれる。その後紀元前60年ごろからローマ帝国の侵攻を受け、43年にブリタニアはローマ帝国の管轄地になる。ところが476年に西ローマ帝国が崩壊すると、ブリテン島には、ゲルマン民族系のアングロ＝サクソン人が移住してくる。やがて、アングロ＝サクソン人はノーサンブリア、マーシア、イーストアングリア、エセックス、ウェセックス、ケント、サセックスの7つの王国を作る。いわゆる七王国時代の幕開けだ。

七王国は、ウェセックス王国によって統一されるが、一時期ヴァイキングのデーン人（デンマーク）の侵略を受け弱体化する。そこに目を付けたノルマンディー公ギヨームがドーバー海峡を渡って侵攻する。1066年イングランドは征服され、ノルマン朝が始まる。

17世紀に入ると、スコットランドのステュアート朝ジェームズ1世がイングランド国王も兼ねるようにな

る。そして1707年、イングランドとスコットランドの2王国はあわさり、グレートブリテン王国となる。

ステュアート朝が断絶すると、ハノーファー家のジョージ1世がグレートブリテンとアイルランドの国王となり、1801年、グレートブリテンおよびアイルランド連合王国がスタートする。

1922年には、アイルランドが南北に分離され、イギリスは「グレートブリテンおよび北アイルランド連合王国」となる。

1952年、エリザベス二世女王が即位。2022年2月には在位70年を迎え、6月にはその記念行事が行われた。同年9月8日、エリザベス二世女王が崩御。チャールズ三世国王が即位した。

英国王室と日本の皇室との関係は良好で、2012年5月には、エリザベス二世女王在位60年の記念行事に、現在の上皇上皇后両陛下がご出席されたほか、2022年9月のエリザベス二世女王の国葬参列のため、天皇皇后両陛下が英国を訪問されている。

Next let's consider a brief outline of the history of Great Britain. Around the 9th century BC, Celtic tribes arrived on the island of Great Britain and created the Celtic culture. The Roman Empire invaded the island around 60 BC, and in 43 BC, Britannia came under the jurisdiction of the Western Roman Empire. After the collapse of the Roman Empire in 476 CE, Anglo-Saxons of Germanic descent began to settle on the island of Britain. Eventually, the Anglo-Saxons spread to Northumbria, Mercia, East Anglia, Essex, Wessex, Kent, and Sussex. This was the beginning of the so-called Seven Kingdoms period.

The Seven Kingdoms were unified as the Kingdom of Wessex, but were weakened by the invasion of the Viking Danes for a time. Subsequently William, the Duke of Normandy, crossed the Straits of Dover and invaded the Seven Kingdoms, conquering England in 1066. The Norman dynasty began.

In the 17th century, James I of Stuart Scotland became King of England as well. The two kingdoms of England and Scotland were combined to form the Kingdom of

Great Britain in 1707.

When the Stuart dynasty ended, George I of Hanover became King of Great Britain and Ireland. The United Kingdom of Great Britain and Ireland was established in 1801. In 1922, Ireland was divided into North and South, and the United Kingdom became the "United Kingdom of Great Britain and Northern Ireland."

In 1952, Queen Elizabeth II acceded to the throne. In February 2022, she celebrated her 70th year on the throne, and a commemorative event was held in June. Queen Elizabeth II died on September 8 of the same year and King Charles III acceded to the throne.

The relationship between the British Royal Family and the Japanese Imperial Family is good, and in May 2012, Queen Elizabeth II and Their Majesties the Emperor and Empress attended commemorative events marking the 60th anniversary of the reign of Queen Elizabeth II. Their Majesties the Emperor and Empress visited the United Kingdom to attend the state funeral of Queen Elizabeth II in September 2022.

経済 （Economy）

英国の主要産業は自動車、航空機、電気機器、エレクトロニクス、化学、石油、ガス、金融など。貿易品目は輸出では、自動車、医薬品および医療用品、発動機、原油、航空機、輸入では、自動車、医療用品および医薬品、ガス、発動機、衣類などとなっている。

2020年の経済成長率は新型コロナの影響を受け、

史上最低の−9.3％となった。翌2021年には経済は急速に回復した（＋7.4％）とはいえ、EU離脱や急速な経済回復による労働力不足、ウクライナ情勢などによって、電気・ガスを含む物価が急上昇。消費者物価指数は、2022年4月に対前年7.8％まで上昇した。

The major industries in the UK include automobiles, aircraft, electrical equipment, electronics, chemicals, oil and gas, and finance. Major exports are automobiles, pharmaceuticals and medical supplies, engines, crude oil, and aircraft. Imports include automobiles, medical supplies and pharmaceuticals, gas, engines, and clothing.

Economic growth in 2020 was the lowest on record at -9.3%, an effect of the novel coronavirus. Although the economy recovered rapidly in 2021 (+7.4%), prices, including electricity and gas, rose sharply due to the labor shortage caused by leaving the EU and the rapid economic recovery, as well as the situation in Ukraine. The Consumer Price Index rose to a year-on-year rate of 7.8% in April 2022.

日本との関係 (Relationship with Japan)

1600年、ウィリアム・アダムスが現在の大分県に漂着して以来、400年以上にわたって日英の交流の歴史がある。1902年には日英同盟が結ばれる（1923年失効）など、第二次世界大戦の一時期を除いて、概ね両国は良好な関係といえる。

とくに、近年の安全保障の分野において日英関係はさらに協力度を深めている。2021年3月に発表された「競争的時代におけるグレートブリテン：安全保障、防衛、開発および外交政策の統合的見直し」において、日本を「安全保障面を含め、最も緊密な戦略的パートナーのひとつ」と位置付けている。

Since William Adams drifted ashore in 1600 in what is now Oita Prefecture, there has been a history of exchange between Japan and Britain for over 400 years. 1902 saw the establishment of the Anglo-Japanese Alliance (which expired in 1923). With the exception of the period during World War II, relations between the two countries can be said to be generally good.

In particular, in recent years, the UK-Japan relationship has become more cooperative in the area of security, with the March 2021 publication of "Global Britain in a Competitive Age: The Integrated Review of Security, Defence, Development and Foreign Policy" identifying Japan as "one of our closest strategic partners, including on security."

貿易データ

	輸　出		輸　入	
	金　額	占有率	金　額	占有率
対ＥＵ物品貿易総額	154	100%	223	100%
ド　イ　ツ	30	19%	54	24%
オ　ラ　ン　ダ	27	18%	32	14%
フ　ラ　ン　ス	19	13%	23	10%
アイルランド	22	14%	14	6 %

■ 輸出
—●— 輸入
※グラフ数値
表の金額参照

	輸　出		輸　入	
	金　額	占有率	金　額	占有率
対ＥＵ域外物品貿易総額	168	100%	254	100%
米　　　国	47	28%	39	16%
中　　　国	19	11%	64	25%
ス　イ　ス	10	6 %	10	4 %

単位＝10億ポンド　　出典：英国統計局　2021年

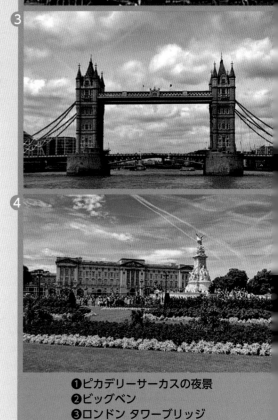

❶ピカデリーサーカスの夜景
❷ビッグベン
❸ロンドン タワーブリッジ
❹ロンドン・バッキンガム宮殿

Federal Republic of Germany

ドイツ連邦共和国

オラフ・ショルツ首相の素顔

オラフ・ショルツは、1958年6月14日、ニーダーザクセン州（ドイツ北西部）オスナブリュック市で、繊維産業で働く両親のもと、3人兄弟の長男として生まれる。

ショルツはハンブルク郊外のラールシュテットにある中等教育機関（ギムナジウム）に通い、大学入学資格（アビトゥア）を取得。1978年には、ハンブルク大学に入学し法律学を専攻する。そして、1985年には弁護士資格を取得して、法律事務所を立ち上げた。

ショルツの政治活動は、1975年にドイツ社会民主党（SPD）に入党し、その青年組織であるユーゾーから始まる。1982年から88年までは、連邦副代表も務めた。

その後、ショルツは1998年の連邦議会選挙にハンブルク＝アルトナ地区から立候補し、ドイツ連邦議会議員となる。

2001年5月、ハンブルク州（特別市：ハンブルクは州であり同時に市でもある）のオルトヴィン・ルンデ州首相に招聘されたショルツは、連邦議会議員を辞して同州の内務大臣に就く。ところが、同じ年に行われた州議会選挙でSPDが敗れ、ルンデ市長が退陣したため、ショルツも10月に内務大臣を退任するのだ。

2002年の連邦議会選挙で連邦議会議員に返り咲いたショルツは、2005年10月にドイツ連邦議会SPD会派議会対策委員長に選出される。また、2007年11月には、第一次メルケル内閣の労働・社会大臣として入閣する。

2009年、連邦議会選挙の結果を受けてショルツは大臣職を離れるが、SPD党大会において、同党の副党首に選出される。

2011年2月に行われたハンブルク州議会議員選挙で、SPDが単独過半数を獲得し政権を奪回すると、ショルツは州首相（特別市第一市長）に就任し、同時に連邦議会議員を辞職する。

ハンブルク州首相を7年務めたショルツは、2018年3月、第4次メルケル政権が誕生すると、連邦財務大臣に就任し、ハンブルク州首相を退任する。

2021年、ドイツ連邦議会選挙で僅差ながら、SPDが第一党となる。そして同年の12月、連邦議会で首相を決める指名投票が行われ、オラフ・ショルツが首相に選出され、シュタインマイヤー連邦大統領の任命を受けて、第9代ドイツ連邦首相に就任した。

Olaf Scholz was born on June 14, 1958 in Osnabrück, Lower Saxony in northwestern Germany. His parents worked in the textile industry. He is the oldest of three brothers.

Scholz attended a secondary school (*Gymnasium*) in Rahlstedt, a suburb of Hamburg, where he obtained his university entrance qualification (*Abitur*). In 1978, he entered the University of Hamburg and majored in law. Then, in 1985, he received a license to practice law and established his own law firm.

Scholz's political career began when he joined the Social Democratic Party of Germany (SPD) in 1975 and became involved in its youth organization, the Juso. From 1982 to 1988, he served as Deputy Federal Juso Chairman.

In the 1998 Bundestag (Federal Assembly) election, Scholz was elected to represent the Hamburg-Altona district.

In May 2001, Scholz resigned from the Bundestag upon being invited by Ortwin Runde, First Mayor of Hamburg, to take office as Interior Senator of Hamburg. (Hamburg is a special city that is also a federal state.) However, when the SPD lost in the 2001 election for the Hamburg state parliament, Mayor Runde stepped down and Scholz also resigned as Senator in October.

Scholz was re-elected to the Bundestag in 2002. In October 2005, he was elected as First Parliamentary Secretary of the SPD parliamentary group in the Bundestag. In November 2007, he joined the First Merkel Cabinet as Minister of Labour and Social Affairs.

In 2009, Scholz stepped down as Minister following the results of the Bundestag election, but was later elected as Deputy Chair of the SPD at the SPD convention.

In the February 2011, the SPD became the ruling party upon winning the majority of seats in the election for the Hamburg state parliament. Scholz took office as First Mayor of Hamburg and resigned from the Bundestag.

Scholz served as First Mayor of Hamburg for seven years. In March 2018, when the Fourth Merkel Cabinet was formed, Scholz stepped down as First Mayor of Hamburg and took office as Minister of Finance.

In 2021, the SPD became the ruling party upon winning the Bundestag election by a narrow margin. In December 2021, the Bundestag voted for federal chancellor. Olaf Scholz was elected and then appointed by Federal President Steinmeier, taking office as the ninth Chancellor of Germany.

Berlin, Brandenburger Tor, © Colourbox

ブランデンブルク門

Chancellor of the Federal Republic of Germany
Olaf Scholz

© Bundesregierung / Thomas Köhler

地 理 （Geography）

ドイツ連邦共和国は日本の94％の面積を持ち、ヨーロッパのほぼ中央に位置する。北はバルト海と北海に面し、デンマークと接する。東はポーランド、チェコ、西はフランス、ベルギー、ルクセンブルク、オランダ、そして南はオーストリア、スイスと接する。

北部には氷食性の平原が広がり、中部は森林におおわれた高原を形成している。そして南部にはアルプス山脈が走る。河川としては、北部にエルベ川、西部にはライン川、南部にはドナウ川が流れる。

The Federal Republic of Germany, located roughly in the center of Europe, has an area that is 94% the size of Japan. Germany borders the Baltic Sea, the North Sea, and Denmark to the north. It borders Poland and the Czech Republic to the east, France, Belgium, Luxembourg, and the Netherlands to the west, and Austria and Switzerland to the south.

Plains that were formed by glaciers stretch across the north, while the central highlands are covered by forests. The Alpine Mountains run through the south. Major rivers include the Elbe in the north, the Rhine in the west, and the Danube in the south.

歴　史（History）

現在のドイツ連邦共和国に至る歴史を紐解くために、9世紀まで遡ることにしよう。当時、ヨーロッパ大陸の多くを支配していたフランク王国のルートヴィヒ1世の死後、その3人の子によって、843年、フランク王国は西フランク王国、中フランク王国、東フランク王国に3分割される（ヴェルダン条約）。さらに、870年のメルセン条約によって、中フランク王国の一部が東西フランク王国に再分割され、フランス、イタリア、ドイツ（東フランク王国）の原型ができる。

10世紀に入って、カロリング朝が断絶すると、ザクセン朝が成立。次第に東フランク王国は勢力を強め、弱体化する西フランク王国とイタリア王国をしり目に、西欧世界の盟主的存在となる。

13世紀ころになると、ドイツの居住地は東方へも拡大する。次第にドイツ各地には有力な地方都市が現れ、帝国都市となっていく。

1618年、ドイツでのプロテスタントとカトリックとの対立をはじめ、ハプスブルグ家（オーストリア、スペイン）とブルボン家（フランス）との抗争を背景に、国際的な戦争に発展していく。いわゆる三十年戦争が勃発する。非常に多くの犠牲者を出し、同戦争が終了すると、ドイツでは地方の各地で自由都市や小国が独立国としての権威を築くことになる。

1871年、ドイツではホーエンツォレルン朝プロイセン王国の国王ヴィルヘルム1世を、ドイツ人の統一国家「ドイツ国」の皇帝として戴くことを決める。いわゆるドイツ帝国の誕生であり、ドイツ統一ということになる。

20世紀に入ると、人類は二度の世界大戦を経験することになる。1914年6月28日に発生したサラエボ事件をきっかけに、第一次世界大戦へと向かう。ドイツはロシアに対して宣戦し、フランス、イギリス、日本など連合国と対峙する。やがて、アメリカ合衆国も連合国側としてドイツに宣戦すると、1918年にはドイツの戦況が悪化。帝政ドイツのヴィルヘルム2世はオランダに亡命し、第一次世界大戦は休戦を迎える。

敗戦国となったドイツは、莫大な賠償金を負い次第に経済が悪化し、さらに世界恐慌で壊滅的な打撃を受ける。そのような情勢下でアドルフ・ヒトラーの国家社会主義ドイツ労働者党（ナチ党）が台頭してくる。

ヒトラーが政権を握ると、次第に領土拡大の動きを取るようになる。オーストリア併合に始まり、やがてポーランドに触手を伸ばして、1939年9月1日、ついにポーランドに侵攻する。これを機に第二次世界大戦が勃発した。同大戦の経過は省略する。1945年5月8日、ドイツは連合国に対して無条件降伏する。

第二次大戦後、ドイツは米、英、仏、ソ連の4か国によって分割占領されるが、やがて米国と西側諸国はソ連と対立するようになる。いわゆる「冷戦」の始まりだ。そして1949年5月、米・英・仏占領地域に「ドイツ連邦共和国」（西ドイツ）臨時政府が誕生すると、10月には、ソ連占領地に共産主義の「ドイツ民主共和国」（東ドイツ）が成立。ドイツは東西に分断された。さらに、1961年にはベルリンの壁が建設される。

東西分断の象徴は、28年間の歴史を刻むことになるが、1989年、共産圏の東欧諸国で自由主義化への動きが高まる。いわゆる東欧革命が起きると、東ドイツもその影響を受ける。同年11月9日、ついにベルリンの壁が崩壊する。そして翌年には東ドイツの体制が崩れ、西ドイツに編入される。ドイツは再び統一されたのだ。

To understand the history that led to the current Federal Republic of Germany, we must go back to the ninth century. At that time, the Frankish Kingdom ruled much of continental Europe. After the death of King Ludwig I, the kingdom was divided into the West, Middle, and East Frankish Kingdoms in 843 (the Treaty of Verdun) by his three children. Then, with the Treaty of Mersen in 870, areas of the Middle Frankish Kingdom were further divided and merged with the West and the East Frankish Kingdoms, creating what would become France, Italy and Germany (East Frankish Kingdom).

In the 10th century, the extinction of the Carolingian Dynasty led to the establishment of the Saxon Dynasty. The East Frankish Kingdom gradually became the dominant power in western Europe, while the West Frankish Kingdom and the Kingdom of Italy grew weaker.

Around the 13th century, German settlements expanded to the east. Powerful regional cities gradually emerged throughout Germany, becoming imperial cities.

In 1618, the Thirty Years' War broke out. Although it started as a conflict between Catholics and Protestants in Germany, it developed into an international war with battles between the Hapsburgs (Austria and Spain) and the Bourbons (France). After the war ended with a tremendous number of casualties, many free cities and small states throughout Germany established their authority as sovereign states.

In 1871, the unification of Germany led to the establishment of the "German Reich," or the German Empire. Wilhelm I, the King of Prussia of the Hohenzollerns, was given the title of German Emperor.

In the 20th century, humankind experienced two world wars.

On June 28, 1914, the Sarajevo incident led to the outbreak of World War I. German declared war on Russia and confronted the Allies, which included France, the United Kingdom, and Japan. Eventually, the United States also joined the war on Germany along with the Allies, and by 1918 Germany's war situation had become worse. German Emperor Wilhelm II fled to exile in the Netherlands, and WWI ended with an armistice.

Now defeated, Germany was burdened with enormous reparations. The German economy gradually deteriorated, and was further devastated by the Great Depression. These circumstances led to the emergence of Adolf Hitler's National Socialist German Workers' Party (the Nazi Party).

After Hitler came to power, he gradually began to expand Germany's territory. The annexation of Austria was followed by the invasion of Poland on September 1, 1939, which triggered the outbreak of World War II. On May 8, 1945, Germany surrendered unconditionally to the Allies.

After WWII, Germany was occupied separately by four countries: the US, the UK, France, and the Soviet Union. However, the US and the Western European nations soon came into conflict with the Soviet Union. This marked the start of the Cold War. In May 1949, the provisional government of the Federal Republic of Germany (West Germany) was established in the Allied occupation zones held by the US, the UK, and France. In October, the communist German Democratic Republic (East Germany) was established in the Soviet occupation zone. Germany was divided into East and West. In 1961, the Berlin Wall was constructed.

The symbol of a divided Germany stood for 28 years. However, in 1989, a movement toward liberalization grew in the communist countries of Eastern Europe. Known as the Revolutions of 1989, or the Fall of Communism, this movement also reached East Germany, The Berlin Wall finally came down on November 9, 1989. In 1990, East Germany was dissolved and merged with West Germany. Germany was reunited.

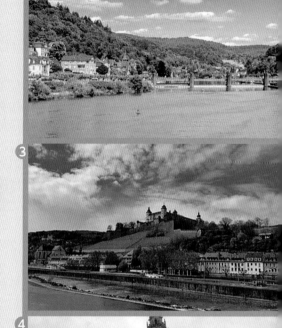

経済 （Economy）

ドイツは世界有数の先進国と言える。GDPを見ても、欧州内でトップであり、貿易大国でもある。主な輸出先は、米国、フランス、中国、オランダ、英国など、輸入は中国、オランダ、米国、フランス、ポーランドなど。

主要産業は、自動車、機械、化学、製薬など。農業面においては、小麦、じゃがいも、てんさいを輪作する混合農業で、ワイン用のブドウ栽培も盛んだ。

また、伝統的な職人の制度であるマイスター制度も受け継がれていて、伝統工芸品をはじめ、先端産業においても活かされている。

Germany is one of the most advanced countries in the world. It has the highest GDP in Europe and is a major trading country. Primary export destinations include the US, France, China, the Netherlands, and the UK, while primary import destinations include China, the Netherlands, the US, France, and Poland.

Major industries include automobiles, machinery, chemicals, and pharmaceuticals. In terms of agriculture, mixed farming is practiced with a rotation of wheat, potatoes, and sugar beets. Wine grapes are also widely cultivated.

The Meister system, a qualification system for traditional craftsmen that has been handed down to the present day, has been adopted for everything from traditional crafts to cutting-edge industries.

Frankfurt am Main, Altstadt, © colourbox.de

❶ノイシュバインシュタイン城
❷ハイデルベルクのネッカー川
❸マリエンブルク要塞
❹ミュンヘン市庁舎
❺フランクフルト・アン・マイン旧市街地

地域別貿易相手

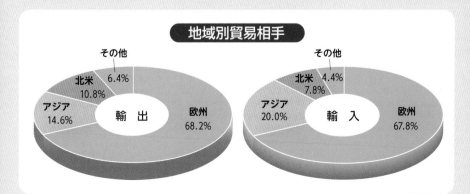

輸出
その他 6.4%
北米 10.8%
アジア 14.6%
欧州 68.2%

輸入
その他 4.4%
北米 7.8%
アジア 20.0%
欧州 67.8%

29

日本

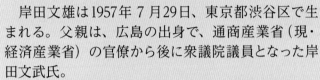

岸田文雄首相の素顔

岸田文雄は1957年7月29日、東京都渋谷区で生まれる。父親は、広島の出身で、通商産業省（現・経済産業省）の官僚から後に衆議院議員となった岸田文武氏。

1963年、文雄少年は父・文武氏の仕事の関係で、アメリカのニューヨーク市に移り住む。小学1年生から3年生までの3年間を、現地のパブリックスクールで学ぶことになる。

1966年6月、パブリックスクール3年次を修了して日本に帰国すると、文雄は麹町中学校、開成高校へと進む。そして、1978年、早稲田大学法学部に入学する。大学生活途中の1979年には、父の文武氏は通産省を退官し、衆議院議員に当選している。

1982年、早稲田大学を卒業した岸田文雄は日本長期信用銀行に入行する。銀行員生活を5年間経験し、1987年、長銀を退職して、父・衆議院議員岸田文武の秘書となる。翌年には、マツダの社長秘書だった和田裕子さんと結婚する。

衆議院議員である父の背中を見て勉強した岸田文雄は、1993年、第40回衆議院議員選挙に旧広島1区から自民党公認で立候補し、初当選を果たす。96年の小選挙区制に移行した第41回衆議院選においても広島1区から出馬し、当選する。以後、第49回衆議院選まで、岸田文雄は10回連続で当選を重ねる。

1997年、岸田は遺伝子組換え食品の表示問題等に関する小委員会小委員長および、党青年局長に就任する。98年には、衆議院の議事進行係である議員運営委員会委員となり、その翌年には、第二次小渕内閣で建設政務次官に任命される。

2000年には、岸田は自民党広島県支部連合会の会長となる。また翌年には、党経理局長となって、企業とのパイプ役も担うことになる。この年、第1次小泉内閣で文部科学副大臣に任命された。

2007年、第1次安倍改造内閣では内閣府特命担当大臣（沖縄及び北方対策、規制改革、再チャレンジ、科学技術政策）に任命され、初入閣を果たす。続いて、福田内閣でも内閣府特命担当大臣に任命され、沖縄及び北方対策、規制改革、国民生活、科学技術政策を担当した。

2008年、消費者行政推進担当大臣となって、消費者のための行政を担う消費者庁新設という大改革を実現。

2011年9月、民主党政権のもと、岸田は党国会対策委員長に就任。国会論戦の総指揮官として民主党との交渉を担った。その翌年、第9代宏池会会長に就任する。同年12月の第46回衆議院議員総選挙において、岸田は7選を果たし、与党に返り咲いた第2次安倍政権では、外務大臣として入閣する。その後、4年7か月に渡って外務大臣を務めることになる。

2017年8月の内閣改造で、岸田は党三役のひとつである政務調査会長に就任する。そして、2018年の自民党総裁選では、立候補を見送るが、2020年の総裁選では出馬。結果は2位に終わる。

2021年3月、岸田は自民党広島県連会長に三度就任する。そして、同年9月29日に実施された自民党総裁選においては、決選投票の結果、257票を獲得し、第27代自民党総裁に選出される。

2021年10月4日、衆議院および参議院本会議で行われた内閣総理大臣指名選挙において、岸田文雄が指名され、天皇陛下による任命を受け第100代内閣総理大臣に就任。第1次岸田内閣がスタートした。

Fumio Kishida was born on July 29, 1957 in Shibuya-ku, Tokyo. His father, Fumitake Kishida, was from Hiroshima City. He was a bureaucrat in the Ministry of International Trade and Industry (now the Ministry of Economy, Trade and Industry). Later he became a member of the House of Representatives.

In 1963, the young Fumio moved to New York City in the United States, because of his father's work. He studied at a local public school for three years from first to third grade.

In June 1966, after completing third grade at the public school and returning to Japan, Fumio attended Koji-machi Junior High School followed by Kaisei High School. In 1978, he enrolled at Waseda University's Faculty of Law. In 1979, during his college life, his father, Fumitake retired from the Ministry of International Trade and Industry and was then elected to the House of Representatives.

In 1982, after graduating from Waseda University, Fumio Kishida joined the Long-Term Credit Bank of Japan. After five years of working as a banker, he left the Bank in 1987 to become a secretary to his father, Fumitake who was a member of the House of Representatives. The next year, Fumio Kishida married Yuko Wada, who was the Mazda Corporation President's Secretary. Fumio Kishida studied under his father who was a member of the House of Representatives.

In 1993 he ran on the Liberal Democratic Party's (LDP)-ticket in the 40th Lower House of Representatives election from the former Hiroshima 1st district. He was elected for the first time. In the 41st House of Representatives election, that was held after the transition to the 1996 single-seat constituency. He then ran from the Hiroshima 1st district and was elected. From then on, Fumio Kishida was elected ten times in a row until the 49th House of Representatives election.

In 1997, Fumio Kishida became the Chairman of the Committee on the Labeling of Genetically Modified Foods and the director of

富士山

内閣総理大臣　**Prime Minister of Japan**
岸田文雄　**Fumio Kishida**

出典：首相官邸ホームページ (https://www.kantei.go.jp/jp/101_kishida/meibo/daijin/kishida_fumio.html)

the youth division of the party. In 1998, he became a member of the House of Representatives Steering Committee, which is in charge of proceedings. The following year, he was appointed as the Parliamentary Vice Minister of Construction in the Second Prime Minister Obuchi's Cabinet.

In 2000, Fumio Kishida became the Chairman of the Federation of Hiroshima Prefecture's LDP Branches. The following year, he also became the head of the party's accounting bureau, which also made him a conduit for business. That same year, he was appointed the Senior Vice Minister of Education, Culture, Sports, Science, and Technology in the first Prime Minister Koizumi's Cabinet.

In 2007, he was appointed the Minister of State for Special Missions in the Cabinet Office (Okinawa and Northern Territories Affairs, Regulatory Reform, Re-challenge, Science and Technology Policy) in the first Prime Minister Abe's cabinet's reshuffle, marking his first entry into the cabinet. He was also appointed the Minister of State for Special Missions in the Prime Minister Fukuda's cabinet. He was responsible for Okinawa and the Northern Territories Affairs, Regulatory Reform, National Life, Science and Technology Policy.

In 2008, he became the Consumer Administrative Promotion Minister and oversaw a major reform and establishment of a new Consumer Affairs Agency to serve consumers.

In September 2011, under the Democratic Party government, Fumio Kishida was appointed as Chairperson of the Diet Affairs Committee. He acted as the Commander-in-Chief of Parliamentary debates and was responsible for negotiating with the Democratic Party. The following year, he became the 9th Chairman of the Kochikai, Kishida faction. In the 46th General Election of the House of Representatives in December of the same year, Kishida won 7 elections and returned to the ruling party in the second Prime Minister Abe's cabinet. He entered the cabinet as the Minister for Foreign Affairs. He would then serve as the Minister for Foreign Affairs for 4 years and 7 months.

In the August 2017's cabinet reshuffle, Fumio Kishida was appointed as one of the LDP's three top executives. He became the Chairman of the Policy Research Council. In the 2018 LDP presidential election, he did not run, but in the 2020 LDP Presidential election, he ran and ended up in second place.

In March 2021, Fumio Kishida was elected as the LDP Hiroshima Prefectural Chairman for the third time. In the LDP Presidential election held on September 29, 2021, he was victorious winning 257 votes in the final voting and was elected as the 27th President of the LDP.

On October 4, 2021, in the election for the Prime Minister in the House of Representatives and the House of Councillors, Fumio Kishida was appointed and took office as the 100th Prime Minister of Japan after receiving his appointment by the Emperor. The first Prime Minister Kishida's cabinet began.

地　理（Geography）

　日本は、北から北海道、本州、四国、九州の4つの大きな島と、他の小さな島々で構成される。アジアでは東アジア地域に属するが、ヨーロッパ諸国から見れば、東の端「極東」と位置付けられる。

　日本の領土の総面積は、およそ37万8000平方キロメートル。地球の総面積に占める割合は、わずか0.28％に過ぎない。そう見方をすれば、日本は小さな国と言えるかもしれないが、領土の広がりは、南北、東西ともに3,000キロメートルに及ぶ。

　一般的に日本の多くの地域は、温帯性と言われるが、北海道は亜寒帯であるし、沖縄は亜熱帯に属している。このように、南北、東西に長く広がり、太平洋、日本海、オホーツク海、東シナ海と、4つの海に囲まれていることもあって、日本には数多くの動植物が生息し、四季折々の自然の変化が楽しめる。

Japan consists of four major islands: Hokkaido, Honshu, Shikoku, and Kyushu from the North to the South. There are also many other smaller islands. Japan is located in East Asia, but is considered part of the "Far East" from the perspective of European countries.

Japan's total land area is approximately 378,000 square kilometers or 145,946 Square Miles, accounting for only 0.28% of the Earth's total area. Although Japan may be considered a small country, its territory stretches 3,000 kilometers or 1,864 miles, from North to South and East to West.

Generally speaking, most of Japan is considered temperate, but Hokkaido in the North is in the Subarctic zone and Okinawa in the South belongs to the Subtropical zone. Because of its long and wide North to South and East to West expanse, it is surrounded by four seas: the Pacific Ocean, the Sea of Japan, the Okhotsk Sea, and the East China Sea, Japan is home to numerous flora and fauna, and offers various natural changes which can be enjoyed in each of the four seasons.

歴　史（History）

　日本の歴史を紹介するには、今から1万6,500年前に始まるとされる縄文時代からたどることにしよう。

　この時代の日本列島では、定住化がうかがえる集落跡や、縄目模様が特徴の縄文土器が出現している。また、狩猟や漁労を営んでいたほか、最近では稲作を行っていた証拠も見つかっている。

　紀元前10世紀頃になると、弥生時代に移る。この時期には、縄文土器とは異なる弥生土器が発掘されている。また、稲作を中心とする農耕社会が構築され、日本列島の各地に広がっていく。農耕社会が発達すると、地域社会の規模が次第に大きくなり、周辺に水郷を巡らせた環濠集落が作られていく。

　弥生時代の終わりの時期にあたる2世紀後半から3世紀は、邪馬台国の卑弥呼が倭国王となって統治していたとされる時期だ。

　なお、「日本書紀」に書かれている神武天皇の即位した年は紀元前660年とされるので、弥生時代の前半にあたる。

　3世紀の中ごろからは古墳時代へと移っていく。この時代になると、近畿地方に前方後円墳が出現し、次第に日本列島各地に広がっていく。このことは、日本列島の各所で成立していた政治権力が、やがて、ヤマト王権（大和朝廷と称するのは継体天皇以降の時代とする考え方が一般的）を形成していくことを意味している。

　6世紀末からは飛鳥時代と呼ばれる。これは、大和朝廷の本拠が奈良の飛鳥地域に置かれたことによる。同時期、中国では隋が統一し、東アジアの地域でも力を及ぼすようになる。推古天皇とその甥の厩戸王（聖徳太子）は、朝廷に仕える臣下を12の等級に分けた官位十二階制度や、十七条の憲法を制定し、国政を改革する。さらに、隋の皇帝煬帝に親書を送り、隋の冊封を受けない自立した国であることを示した。

　8世紀に入ると、奈良に平城京を構えて奈良時代が始まる。この時代に、「日本書紀」、「万葉集」、「風土記」などが編纂される。

　8世紀末になると、桓武天皇によって都は平安京に遷都され、12世紀末ごろまでは平安時代と呼ばれる。この時代には、平仮名や片仮名が使われるようになり、「源氏物語」や「枕草子」などの文学が生まれる。

　平安末期になると、武士が力を背景に政治を動かそうと台頭してくる。

　源頼朝が鎌倉に幕府をつくり始まった鎌倉時代は、14世紀頃まで続く。その後は、朝廷が南朝と北朝に分かれた争う南北朝時代を経て、足利尊氏が京都・室町に幕府を構え、室町時代へと移る。15世紀半ばになると、応仁の乱（1467年～1477年）や明応の政変（1493年）によって弱体化、室町幕府はやがて崩壊し、乱世の戦国時代を迎える。

　16世紀半ばに登場する織田信長は、室町将軍・足利義昭を追放し、安土桃山時代を迎える。ところが、信長は本能寺の変で自害、豊臣秀吉が信長の後を受け継ぎ、やがて天下統一を実現する。

　1598年9月、豊臣秀吉が病死すると、徳川家康は、関ヶ原の戦い（1600年）で石田三成らの西軍を破って、1603年に江戸幕府を開く。260年以上の長きにわたる江戸時代の誕生だ。

　江戸時代には、農地開拓による食料の増産が人口増加を生み、国の経済が活性化する。さまざまな文

化も発達し、庶民の生活も豊かになった。

　19世紀に入ると、次第に諸外国からの圧力が強くなる。1853年の黒船来航を契機に、日本はついに開国し、鎖国は解かれた。そのころから、幕府の力は弱体化し、各地から討幕派が台頭してくる。

　1868年、薩摩、長州、土佐の各藩が樹立した明治新政府は、幕府との内戦（戊辰戦争）に勝利。江戸時代が終わり、明治時代が始まる。日本は、西洋の産業・文化を取り入れ、富国強兵路線を歩む。

　明治から大正、昭和にかけては、日清・日露戦争、第一次世界大戦、第二次世界大戦と大きな戦争を経験する。1945年、日本は敗戦し、連合国軍最高司令官総司令部（GHQ）に占領・統治されることとなる。

　1952年、サンフランシスコ平和条約によって、日本は主権を回復（沖縄は1972年に日本に返還される）し、目覚ましい経済復興を遂げる。

To introduce Japanese history, it is important to trace it back to the Jomon period, which is said to have begun 16,500 years ago. In this era, there are settled villages that remain. There is also Jomon pottery made with straw rope patterns that appeared, indicating hunting, and fishing, as well as evidence of rice cultivation.

In around the 10th century BC, Japan entered the Yayoi period. During this period, Yayoi earthenware, which is different from Jomon pottery, had been excavated. In addition, an agricultural society centered on rice cultivation was established and spread throughout the Japanese archipelago. As an agricultural society developed, the scale of local communities gradually increased. Moats encircled settlements that were during built.

In the late 2nd to 3rd century AD, which is at the end of the Yayoi period, Himiko of the Yamataikoku Kingdom is said to have ruled as the queen of Wa. According to the "Nihon Shoki," (Chronicles of Japan) Emperor Jimmu's year of Enthronement was considered to be in 660 BC, which corresponds to the first half of the Yayoi period.

From the mid-3rd century AD, Japan entered the Kofun period, during which keyhole-shaped burial mounds appeared in the Kinki region and gradually spread throughout the country. This meant that the political power that had been established in various parts of the Japanese archipelago eventually came to form the Yamato court authority (It is generally believed that the term Yamato Imperial Court was used after Emperor Keitai).

From the end of the 6th century AD, the period is called the Asuka period. This is due to the fact that the Yamato Imperial Court was based in the Asuka region of Nara.During the same period, the Sui Dynasty unified China and came to exert power in the East Asian region.The Emperor Suiko and his nephew King Umayato (Prince Shotoku) reformed the government by implementing the Twelve Level Cap and Rank System and the Seventeen Articles Constitution. They also sent a letter to the Sui Dynasty's Emperor, Emperor Yodai, asserting Japan's independence and rejecting Sui's demand for submission.

In the 8th century AD, the Nara Period began with the establishment of Heijo-kyo in Nara. During this era, the "Nihon Shoki," "Manyoshu,"and "Fudoki" were compiled. During this period, the writing systems of Hiragana and Katakana were established. It was during this time that literature such as "The Tales of Genji" and "The Pillow Book" were produced. Towards the end of the Heian period, Samurai warriors began to rise and exert political power.

The Kamakura period began when Minamoto no Yoritomo established a Shogunate in Kamakura and continued until the 14th century AD. Following this, the Northern and Southern Courts period occurred when the imperial court split into two factions, followed by the Muromachi period. It was then that Ashikaga Takauji established a shogunate in Kyoto and later called the Muromachi period. In the mid-15th century AD, the weakening of the Shogunate due to the Onin War (1467-1477) and the Coup of Meio (1493) led to the collapse of the Shogunate, the Warring States period began.

Oda Nobunaga, who appeared in the mid-16th century. He was expelled the Muromachi Shogun Ashikaga Yoshiaki and ushered in the Azuchi-Momoyama period. However, Nobunaga committed suicide in the Honnoji Incident. Toyotomi Hideyoshi succeeded him, eventually achieving unification of the country.

After Toyotomi Hideyoshi died of an illness in September 1598, Tokugawa Ieyasu defeated Ishida Mitsunari and his Western forces in the Battle of Sekigahara (1600) and established the Edo Shogunate in 1603, marking the birth of the Edo Period, which lasted over 260 years. During the Edo period, the population grew as the agricultural land was cultivated to produce more food, and the country's economy was revitalized. Various cultures developed, and the lives of ordinary people became richer.

In the 19th century AD, Japan came under increasing pressure from countries, With the arrival of the Black Ships in 1853, the country finally opened its borders to the outside world and broke its isolation. The power of the Shogunate weakened, and the anti-Shogunate movements emerged throughout the Nation.

In 1868, the new Meiji government established by the Satsuma, Choshu, and Tosa clans won a civil war,the Boshin War,against the Shogunate. The Edo period ended and the Meiji era began. Japan adopted Western industry and culture and followed the path of a wealthy nation with a strong military. During the Meiji, Taisho, and Showa periods, Japan experienced major wars such as the Sino-Japanese and Russo-Japanese wars, World War I, and World War II. In 1945, Japan was defeated in World War II. They were occupied and ruled by the General Headquarters of the Supreme Commander of the Allied Forces (GHQ)

In 1952, the San Francisco Peace Treaty restored Japan's sovereignty. Okinawa was returned to Japan in 1972, and Japan achieved a remarkable economic recovery.

日本の各国別輸出入額の割合

	2019年		2020年		2021年	
	国	シェア	国	シェア	国	シェア
輸出	米国	19.8	中国	22.1	中国	21.6
	中国	19.1	米国	18.4	米国	17.8
	韓国	6.6	韓国	7.0	台湾	7.2
	台湾	6.1	台湾	6.9	韓国	6.9
	香港	4.8	香港	5.0	香港	4.7
輸入	中国	23.5	中国	25.8	中国	24.0
	米国	11.0	米国	11.0	米国	10.5
	オーストラリア	6.3	オーストラリア	5.6	オーストラリア	6.8
	韓国	4.1	台湾	4.2	台湾	4.3
	サウジアラビア	3.8	韓国	4.2	韓国	4.2

※財務省貿易統計

日本の年別輸出入総額

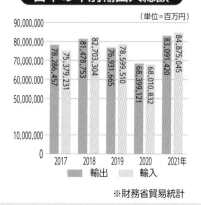

（単位＝百万円）

※財務省貿易統計

日本の年度別GDP

※内閣府経済社会総合研究所

イタリア共和国

ジョルジャ・メローニ首相の素顔

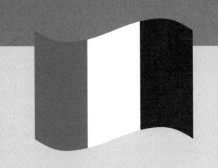

　ジョルジャ・メローニは、サルデーニャ島出身の税理士の父と、シチリア島出身の母との間に1977年1月5日、首都ローマで誕生する。

　共産党支持者だった父親は、ジョルジャが幼い時に、妻子を残してスペインに移住してしまう。彼女は母親の影響を強く受け、15歳にして極右政党のイタリア社会運動（MSI）の党青年団「青年行動」に入会する。

　1996年、職業高校「アメリゴ・ヴェスプッチ学校」を卒業後、メローニは様々な仕事をしながら政治活移動に取り組む。1998年には、MSIから再編された国民同盟（AN）において、ローマ県党支部の評議員に選出される。その後も、2000年にはANの党青年団の全国指導者に就き、04年には同団の書記長と順調にキャリアを積み上げていく。

　2006年4月の総選挙において、メローニはラツィオ州第一比例区から党公認で下院選に出馬、29歳の若さで初当選する。また翌年には、国民同盟とフォルツァ・イタリアが合流して生まれた「自由の人民」（PDL）の党青年団の書記長に就任する。

　2008年の総選挙では、メローニはラツィオ州第二比例区で出馬し、再選する。そして、第4次ベルルスコーニ政権が誕生すると、青年政策を担当する大臣に登用される。この時メローニは31歳、最年少大臣の誕生だ。

　2012年になると、ベルルスコーニ大統領のさまざまな疑惑が政界の中で影響を及ぼす。PDLから旧AN系の議員が離脱を始めると、メローニも同党を離れ、4人の議員と政治グループ「イタリアの同胞」（FDI）を結成する。さらに、元国防相のグループ「国民中道右翼」と手を組み、「イタリアの同胞・国民中央右翼」（FDI-CN）を結党し、同党の副党首に就任した。

　2013年の総選挙では、下院議員3期目の当選を果たし、翌年にはFDI-CNの党名を「イタリアの同胞・国民同盟」（FDI-AN）に改称する。その後、ローマ市長選に擁立されるが、五つ星運動に属するヴィルジニア・ラッジに敗れる。

　2018年の総選挙で、メローニは党名を「イタリアの同胞」（FDI）に戻すと発表。選挙では、ラツィオ州第7小選挙区から出馬して当選を果たし、FDIは議会の第5党となる。また、翌年の欧州議会選をはじめ、地方選挙でもFDIの躍進が続く。

　2022年の総選挙において、FDIはついに第一党となる。10月22日、ジャンニ・メローニ政権が発足する。イタリア初の女性首相が誕生した。

Giorgia Meloni was born on January 5, 1977 in Rome, the capital of Italy. Her father, a tax accountant, was from Sardinia. Her mother is from Sicily.

When Meloni was a small child, her father, who was a communist supporter, left his family and moved to Spain. Growing up, Meloni was strongly influenced by her mother. At the age of 15, she became a member of Youth Action, a student wing of the Italian Social Movement (MSI), a far-right party.

In 1996, after graduating from Amerigo Vespucci Institute - a vocational high school - Meloni worked a variety of jobs while continuing her political activity. In 1998, she was elected as a councillor to the provincial government of Rome from the National Alliance (AN), which was the successor to the MSI. Meloni continued to advance her political career, becoming the national director of Youth Action in 2000 and its President in 2004.

In the April 2006 general election, Meloni ran for the Chamber of Deputies, the lower house of the Italian parliament, from the Lazio 1 district as an official candidate of AN, and was elected for the first time at the age of 29. The following year, she took office as President of the youth wing of the People of Freedom (PDL), a party that had been founded through a merger of AN and Forza Italia.

In the 2008 general election, Meloni was re-elected to the Chamber of Deputies to represent the Lazio 2 district. When the fourth Berlusconi Cabinet was formed, she took office as Minister of Youth. At the age of 31, Meloni was the youngest minister in modern Italian history.

In 2012, the political arena was affected by multiple allegations against Berlusconi. As former members of AN began leaving the PDL, Meloni also abandoned the party. Meloni was one of a group of four members who established a new political party, the Brothers of Italy (FDI). Later, the FDI joined forces with a group of former Defence Ministers, the National Centre-right, to found Brothers of Italy – National Centre-right (FDI-CN), with Meloni serving as Vice President.

In the 2013 general election, Meloni was re-elected to the Chamber of Deputies for a third term. In 2014, the name of the party was changed from FDI-CN to Brothers of Italy – National Alliance (FDI-AN). Later, Meloni ran for Mayor of Rome, but

ローマ国立近代美術館

Prime Minister of Italy
Giorgia Meloni

lost to Virginia Raggi, a member of the Five Star Movement.

In the 2018 general election, Meloni announced that she would change the party name back to Brothers of Italy (FDI). She was re-elected to the Chamber of Deputies to represent the Lazio 7 district, and the FDI became the fifth largest party in the Italian Parliament. The FDI has continued to make great strides in the 2019 European Parliament election and regional council elections.

In the 2022 general election, the FDI became the ruling party. On October 22, the Giorgia Meloni government was formed and she became the first female prime minister in Italian history.

地　理（Geography）

イタリアはヨーロッパ南部に位置し、地中海に長靴の形で突き出た半島が特徴だ。北部は西からフランス、スイス、オーストリア、スロベニアと接する。地中海を挟んでイタリア半島の東側には、北からクロアチア、モンテネグロ、アルバニア、ギリシャ、南にはマルタとアフリカ大陸のチュニジア、リビアがある。また、地中海最大のシチリア島や2番目に大きなサルデーニャ島など、数多くの島を持ち、総面積は日本のおよそ8割。

イタリアは火山でも知られる。ヨーロッパ最大の火山と言われるエトナ火山はシチリアにあり、「ポンペイの遺跡」で知られるヴェスビオ火山はナポリにある。日本と同様にイタリアも地震や火山噴火などの自然災害が時折発生している。

Italy, located in southern Europe, has a boot-shaped peninsula extending into the Mediterranean Sea. In the north it shares land borders with France, Switzerland, Austria, and Slovenia (from west to east). Across the Mediterranean Sea, to the east are Croatia, Montenegro, Albania, and Greece (from north to south), and to the south are Malta and the African nations Tunisia and Libya. Italy has many islands, including Sicily, the largest island in the Mediterranean Sea, and Sardinia, the second largest. The total area of Italy is about 80% of the area of Japan.

Italy is also known for its volcanoes. Mount Etna, one of the tallest active volcanoes in Europe, is in Sicily. Mount Vesuvius, which is known for the ruins of Pompeii, is in Naples. Like Japan, Italy occasionally experiences natural disasters such as earthquakes and volcanic eruptions.

歴　史（History）

イタリアの歴史といえば、まず古代ローマの歴史から簡単に振り返ろう。イタリア半島の中部地域に存在した多部族による都市国家が始まりとされる古代ローマ。トロイア滅亡後、イタリアに逃れてきたトロイアの武将の子孫が、紀元前753年に建設したといわれる。7代にわたって王が統治していた時代を王政期と呼ぶ。この王政ローマは、紀元前509年、王の追放によって終焉し、次に共和制ローマの時代へと移る。

当時の共和制とは、「パトリキ」といわれる貴族や政治家で構成される元老院と、「プレブス」という平民や市民の富裕層が運営する市民集会の二つの統治組織が、様々な課題、問題を解決しながら国を運営する仕組みのこと。

共和制初期から中期にかけては、対外戦争によってローマが領土を拡大していく時代となる。中でも紀元前3世紀半ばに始まるポエニ戦争では、カルタゴとおよそ1世紀にわたって戦火を交え、その結果、シチリア島をはじめ、サルデーニャ島、コルシカ島、ヒスパニアの植民都市など、ほとんどの領土をカルタゴは失い、紀元前2世紀には、ローマ共和国は地中海西部一帯を支配するようになる。

しかしながら、そのころからローマ内部では次々と内乱が勃発する。そして紀元前44年には、ユリウス・カエサルが暗殺される。カエサルの後を継ぐオクタウィアヌスは、やがてローマの内戦に終止符を打ち、紀元前27年、元老院からアウグストゥスの称号を与えられる。アウグストゥスは実質的に皇帝としてローマを統治し、これがローマ帝国の誕生を意味する。

ローマ帝国はさらに領土を拡大するが、帝国内部では経済状況が悪化し、他民族の侵入などもあり、次第に弱体化していく。380年には、テオドシウス1世がキリスト教を国教とする。そのテオドシウスが亡くなると、395年、西ローマ帝国と東ローマ帝国に分裂し、中世へと移っていく。

中世から近世にかけては、外国からの侵略が続き、イタリア半島では様々な都市国家の存亡が繰り返される。まさに混乱の時代となる。

18世紀に入ると、イタリア諸公の中で、サヴォイア公国が勢力をつけてくる。同公国はスペイン継承戦争に参戦、シチリアの王位を得たのち、1720年にサルデーニャ王国を成立させる。1860年、軍事家ジュゼッペ・ガリバルディは「千人隊」を創設、イタリア南部に遠征し、ブルボン朝の軍を打ち破って征服する。その領土をサルデーニャ王に無償で献上する。これをもとに、1861年、イタリア王国が成立する。

20世紀に入って、2度の世界大戦を経たイタリアは、1946年6月、国民投票によって王政の廃止が決定し、共和制に移行する。

To understand the history of Italy, we must go back to ancient Rome. It began as a city-state that was settled in the central region of the Italian Peninsula by different groups of people. According to myth, Rome was founded in 753 BC by the descendent of a Trojan War hero who had fled and settled in Italy after the fall of Troy. The period in which Italy was ruled by a series of seven kings is called the regal period. The regal period ended in 509 BC with the exile of the king, and was followed by the Roman Republic.

In those days, a republic had two governing bodies: the Senate composed of the patricians (aristocrats and politicians), and the citizens' assembly run by the plebeians (commoners and wealthy citizens). These bodies managed the country while resolving a variety of issues and problems.

From the early to the middle period of the Roman Republic, Rome expanded its territory through foreign wars. In the Punic Wars, which started in the mid-third century BC, Rome fought against Carthage in a series of wars that lasted for 100 years. As a result, Carthage lost most of its territory, including Sicily, Sardinia, Corsica, and colonies in Hispania. By the second century BC, the Roman Republic had gained control over the western Mediterranean Sea.

However, a series of civil wars broke out in Rome soon after. Julius Caesar was assassinated in 44 BC. Octavianus, who succeeded Caesar, finally brought peace to Rome, and in 27 BC he was given the title of Augustus by the Senate. Augustus ruled Rome like an emperor, marking the birth of the Roman Empire.

The Roman Empire continued to expand its territory, but grew weaker internally due to a gradually deteriorating economy and invasions by other ethnic groups. In 380, Emperor

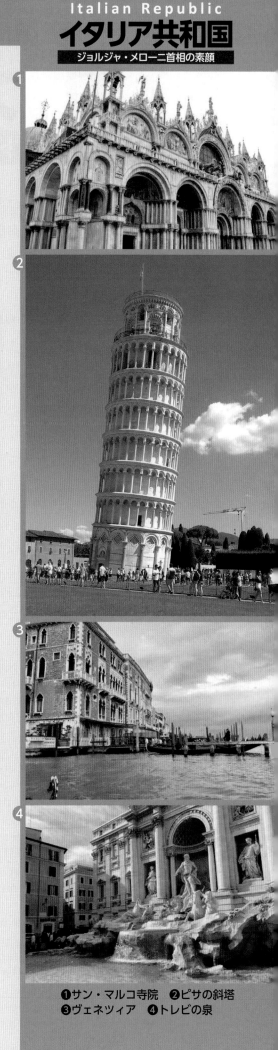

Theodosius I established Christianity as the official religion of the empire. After his death, the empire was divided into the Western and the Eastern Roman Empires in 395, marking the beginning of the Middle Ages.

From the Middle Ages to the modern era, Rome was invaded repeatedly by foreign nations. It was an era of turmoil, as many city-states rose and fell on the Italian Peninsula.

In the 18th century, the Duchy of Savoy rose to power among the Italian dukes. Savoy fought in the War of the Spanish Succession, took the throne of Sicily, and in 1720 established the Kingdom of Sardinia. In 1860, General Giuseppe Garibaldi gathered volunteers to form *the Thousand* (also known as *the Redshirts*). They sailed to southern Italy and conquered the army of the House of Bourbon, and then Garibaldi offered his territorial gains to the King of Sardinia. This led to the establishment of the Kingdom of Italy in 1861.

After experiencing two world wars in the 20th century, Italy abolished the monarchy and replaced it with a republic in the Italian institutional referendum of June 1946.

経済（Economy）

イタリアも他国と同様に、新型コロナの影響を受け、2020年の経済成長率は-9％と落ち込んだが、翌年には6.6%と回復傾向にある。

2021年の国民一人当たりの名目GDPは35,473ドル（IMF推計）となっている。

貿易においては、2020年の輸出総額は495,977百万ドル、輸入総額は422,648百万ドル（国連統計）。

主要な貿易品目は、輸出では医薬品、自動車、自動車部品、原油以外の石油など、輸入では自動車、医薬品、原油、ガス（出典WTO）などとなっている。それらの貿易相手国をみると、輸出はドイツ、フランス、米国、スイス、英国、輸入ではドイツ、中国、フランス、スペイン、オランダ（2021年12月、ISTAT）など。

Like other countries, Italy was greatly affected by the COVID-19 pandemic. Its economic growth rate fell to -9% in 2020, but recovered to 6.6% in 2021.

The nominal GDP per capita in 2021 was $35,473 (IMF estimate).

In 2020, Italy's total exports were $495.977 billion and imports were $422.648 billion (UN statistics). Exports include pharmaceutical products, automobiles, automobile parts, and refined petroleum other than crude oil, while imports include automobiles, pharmaceutical products, crude oil, and gas (source: WTO). Primary export destinations include Germany, France, the US, Switzerland, and the UK, while primary import destinations include Germany, China, France, Spain, and the Netherlands (December 2021, ISTAT).

2021年　対日貿易データ

■対日輸出額　1兆2,773億円

対日輸出品目
- その他 52.90%
- たばこ 18.80%
- 医薬品 10.80%
- 輸送用機器 10.00%
- 一般機器 7.50%

■対日輸入額　5,492億円

対日輸入品目
- 輸送用機器 27.60%
- 一般機械 24.80%
- 化学製品 20.30%
- 原料別製品 14.50%
- その他 12.80%

（財務省／貿易統計）

❶サン・マルコ寺院　❷ピサの斜塔
❸ヴェネツィア　❹トレビの泉

カナダ

ジャスティン・トルドー首相の素顔

ジャスティン・ピエール・ジェイムズ・トルドーは1971年12月25日、オンタリオ州オタワで生まれる。父親は、カナダの第20代、22代首相のピエール・トルドーだ。ジャスティンが6歳の時に、父ピエールと母マーガレットは離婚している。

ジャスティンは、モントリオールの親戚の家で育てられ、やがてモントリオールのマギル大学に入学し英文学を学ぶ。その後は、ブリティッシュコロンビア大学で教育学の学士号を取得する。卒業後は、バンクーバーでフランス語や数学などの教科で教鞭をとることになる。

2002年、ジャスティンはモントリオールに戻る。そこで、ジャスティンはケベック州のテレビやラジオ番組の司会をしているソフィー・グレゴワールと知り合う。3年後、二人は結婚し、やがて3人の子どもに恵まれる。

ジャスティンは、政界に進出する以前から政治的な活動を展開している。2006年9月、アフリカのスーダン西部、ダルフール地方で長年にわたって続く紛争のため、多くの死者や難民発生していることに対して、ジャスティンは、ダルフール危機対策にカナダが

参加することを促すための集会を主催する。

2007年4月、ジャスティン・トルドーは、モントリオールのパピノー選挙区において、自由党の党予備選に出馬する。結果はトルドーの圧勝だった。そして翌年10月に行われたカナダ連邦選挙において、トルドーは初当選する。その後、2011年、15年、19年と、トルドーは4選を果たす。

2010年代前半、自由党は低迷していた。とくに、2011年の総選挙では下院第3党まで後退してしまう。そのような状況のもと、トルドーは2013年4月、自由党の党首選に出馬する。元首相の息子であり、端正な顔立ちも相まって、自由党の党勢回復に大きな期待を集めて党首に選出された。

党首として迎える最初の下院総選挙となった、2015年10月の総選挙では、当初は野党の新民主党が保守党・自由党の支持率を上回っていたが、選挙戦後半に自由党が支持を大きく伸ばし、結果、圧勝する。トルドーの自由党は、10年ぶりに政権を奪回したのだ。

2015年11月4日、ジャスティン・トルドーはカナダの第29代首相に就任した。

Justin Pierre James Trudeau was born on December 25, 1971 in Ottawa, Ontario. His father was Pierre Trudeau, the 20th and 22nd Prime Minister of Canada. His father Pierre and mother Margaret divorced when Justin was six years old.

Justin was raised by relatives in Montreal and eventually enrolled at McGill University in Montreal to study English literature. He then went on to earn a Bachelor of Education degree from the University of British Columbia. After graduation, he began teaching in Vancouver in subjects such as French and mathematics. In 2002, Justin returned to Montreal. There, Justin met Sophie Gregoire, a TV and radio host in Quebec; three years later, they married and eventually had three children.

Justin was politically active before entering politics, and in September 2006, Justin organized a rally in Darfur, western Sudan, to encourage Canadian participation in the fight against the Darfur crisis, which had resulted in many deaths and refugees due to the long-running conflict in the Darfur region.

In April 2007, Justin Trudeau ran in the Liberal Party

primaries in Montreal's Papineau constituency. The result was a resounding victory for Trudeau. The following October, Trudeau was elected for the first time in the Canadian federal election and was elected again in 2011, 2015, and 2019.

In the early 2010s, the Liberal Party was in the doldrums. In particular, in the 2011 general election, it fell back to third place in the House of Commons. Against this backdrop, Trudeau ran for the leadership of the Liberal Party in April 2013. The handsome son of a former prime minister, Trudeau was elected leader of the Liberal Party with high hopes for the party's recovery.

In the October 2015 general election campaign, his first as party leader, the opposition New Democrats initially gained more support than the Conservatives and Liberals, but in the second half of the campaign, the Liberals gained significant support, resulting in an overwhelming victory. Trudeau's Liberals regained power for the first time in a decade.

On November 4, 2015, Justin Trudeau became Canada's 29th Prime Minister.

Prime Minister of Canada
Justin Pierre James Trudeau

モントリオール現代美術館

地　理（Geography）

北米大陸の大きな部分を占めるカナダ。南はアメリカ合衆国と接し、北西は米国アラスカ州と接する。海は西に太平洋、東に大西洋、北が北極海と三方が海に囲まれる。また、北東にはグリーンランドが迫っている。

カナダは総面積ではロシアに次いで2番目の広さ

だが、淡水湖の割合も世界一なのだ。北極に近いエリアは氷と永久凍土に覆われているが、エルズミア島の北西端アラートにはカナダ軍基地がある。

カナダは自然の宝庫といえるが、国土の42％は森林で占められている。また、湖の数においても世界トップクラスだ。

Canada occupies a large part of the North American continent. It borders the United States to the south and the US state of Alaska to the northwest. It is surrounded on three sides by ocean: the Pacific Ocean to the west, the Atlantic Ocean to the east, and the Arctic Ocean to the north. Greenland looms to the northeast.

Canada is the second largest country in terms of total area after Russia, but it also has the largest percentage of

freshwater lakes in the world. The area near the North Pole is covered with ice and permafrost, but there is a Canadian military base at Alert, near the northeastern tip of Ellesmere Island.

Canada can be said to be a treasure trove of nature, with 42% of its land area covered by forests. It is also one of the world's top countries in terms of the number of lakes.

歴 史 (History)

カナダ、北米大陸の先住民と言われるのは、およそ4万年前の氷河期のベーリング海峡が地続きであった時代に、シベリアから移ってきたモンゴロイドが、後のインディアンやイヌイットの先住民といわれる。

時を経て、ヨーロッパの歴史上で最初にカナダを発見したのは、イギリスのヘンリー7世が派遣したイタリア人のカボットが、北米大陸に上陸したのが起源とされる。その付近の海域が豊かな漁場だったことで、イギリスをはじめ、フランス、スペイン、ポルトガルなどの漁師が押し掛けるようになる。

16世紀に入ると、フランスのフランソワ1世が、探検家ジャック・カルティエを北米に派遣し、セントローレンス川流域を探検させる。その結果、この地をフランス領と宣言する。さらに17世紀に入ると、フランスの探検家サミュエル・ド・シャンプランはセントローレンス川中流域に永続的なケベック植民地を建設。ヌーベルフランスとして植民地経営をスタートする。フランスの目的は、インディアンとの間の毛皮交易にあった。

17世紀半ばには、モントリオールにも植民地が作られたが、順調に発展せず、ルイ14世はコルベールを派遣。コルベールは、ヌーベルフランス会社を廃止し、植民地を王領（直轄地）とした。

18世紀になると、フランスは植民地をさらに拡大。やがて、イギリスのアメリカ植民地との間に何度も抗争が勃発する。1756年に始まる七年戦争では、イギリス軍がフランス軍を破り、ケベックを占領する。その結果、1763年のパリ条約で、フランスはカナダ領のほとんどを放棄することになる。

イギリスの支配下に入ったケベックのフランス系住民は、およそ65,000人にもなる。イギリス議会は1774年にケベック法を制定し、それらの住民に対して、カトリック信仰やフランス語の使用などを認めた。

翌年、アメリカ独立戦争が勃発する。アメリカ独立派は、カナダの住民に対して独立側につくよう要請するが、カナダはイギリスの植民地として残ることを選択する。また、独立に反対する王党派の多くは、英領カナダに移住してくる。

19世紀の南北戦争後、アメリカはまたカナダを併合しようとする動きを示す。それに対してイギリス議会は1867年7月1日、英領北アメリカ法を制定。カナダを、イギリス領のなかで最初の自治権を持つ「カナダ連邦」として認めた。

20世紀に入り、第一次世界大戦が始まると、カナダはイギリス連邦の一員として参戦する。戦後、カナダはパリ講和会議に代表を派遣し、国際連盟にも参加すると、1926年、イギリスはカナダに外交権を付与する。さらに、1931年、ウェストミンスター憲章でイギリス連邦が成立すると、カナダはその一員となる。つまり、イギリス国王を国家元首に戴き、イギリスと対等となって、カナダは実質的に独立を果たすのだ。

1964年に、赤白のカエデの葉をあしらった国旗を制定。そして1982年には、イギリスのカナダ法改正と、カナダ憲法の成立によって、カナダは真の独立国家としての地位を確立した。

It is said that the Mongols, and later the American Indians and Inuit, migrated to North America from Siberia across the Bering Strait during the Ice Age about 40,000 years ago when there was a land bridge between Asia and North America.

Much later, the first discovery of Canada by Europans is thought to have occurred when the Italian explorer John Cabot, sent by Henry VII of England, landed on the North American continent. The rich fishing grounds in the vicinity led to an influx of fishermen from England, France, Spain, Portugal, and other countries. In the 16th century, King François I of France sent the explorer Jacques Cartier to North America to explore the St. Lawrence River basin, and he declared the region French. Further into the 17th century, French explorer Samuel de Champlain established a permanent Quebec colony, Nouvelle-France, in the middle reaches of the St. Lawrence River. France's goal was to trade furs with the Indians.

In the mid-17th century, another colony was established in Montreal, but it did not develop smoothly, so Louis XIV assigned its administration to Jean Baptiste Colbert, who abolished the Nouvelle-France Company and made the colony a royal domain (direct possession).

In the 18th century, France further expanded its colonies. Soon, several conflicts erupted with the British American colonies. In the Seven Years' War that began in 1756, British troops defeated the French and occupied Quebec. As a result, the Treaty of Paris in 1763 led France to abandon most of its Canadian possessions.

The French-speaking population of Quebec, now under British control, numbered approximately 65,000. The British Parliament enacted the Quebec Act of 1774, which allowed those residents to practice their Catholic faith and use the French language.

The following year, the American Revolutionary War broke out. The American Independence Party asked the inhabitants of Canada to join the side of independence, but Canada chose to remain a British colony. Many of the royalists who opposed independence also immigrated to British Canada.

After the Civil War in the 19th century, the U.S. again moved to annex Canada. In response, the British Parliament enacted the British North America Act on July 1, 1867. It recognized Canada as the first self-governing British territory, the "Commonwealth of Canada."

At the beginning of the 20th century, when World War I broke out, Canada joined the British Commonwealth. After the war, Canada sent representatives to the Paris Peace Conference and joined the League of Nations. Furthermore, in 1931, when the British Commonwealth was established by the Statute of Westminster, Canada became a member of the British Commonwealth. Thus, with the King of Great Britain as head of state, Canada became equal with Great Britain, and effectively achieved independence.

In 1964, Canada adopted a flag with a red and white maple leaf, and in 1982, with the British amendment of the Canada Act and the passage of the Canadian Constitution, Canada established itself as a truly independent nation.

経済 （Economy）

カナダでは、新型コロナの影響によって2020年の実質GDPは−5.2％と大きく落ち込んだが、翌21年には、経済活動制限の解除を受け、4.6％（カナダ統計局）と大幅に回復している。また、2022年も堅調に推移している。

カナダの主要産業は、金融・保険・不動産などのサービス業をはじめ、製造業、建設業、鉱業、農林業など。

貿易を見ると、輸出品目では、エネルギー製品をはじめ、自動車及び同部品、一般機械、金属および非金属鉱物、電気製品など。輸入では、一般機械や、自動車及び同部品、電気機器、エネルギー製品、貴石・貴金属などとなっている。

主要輸出相手国は、米国、中国、英国、日本、ドイツなど。輸入相手国は、米国、中国、メキシコ、ドイツ、日本などとなっている。

In Canada, real GDP fell sharply in 2020 to -5.2% due to the impact of the new coronavirus but recovered significantly in 2021 to 4.6% (Statistics Canada), following the lifting of restrictions on economic activity. It remained steady in 2022.

Canada's major industries include services such as finance, insurance, and real estate, as well as manufacturing, construction, mining, agriculture and forestry. In terms of trade, exports include energy products, automobiles and auto parts, general machinery, metals and non-metallic minerals, and electrical products. Imports include general machinery, motor vehicles and parts, electrical equipment, energy products, and precious stones and metals.

Major export partners include the United States, China, the United Kingdom, Japan, and Germany. Import partners include the U.S., China, Mexico, Germany, and Japan.

貿易データ

	貿易額	主要品目
対日輸出	1兆5,065億円	鉱物性燃料、農産品、林産品
対日輸入	9,169億円	輸送用機器、一般機械、電気機器

(2021年、財務省貿易統計)

❶オタワのカナダ国会議事堂
❷ケベックシティ 旧市街
❸トロント
❹ナイアガラの滝
❺モントリオールのノートルダム聖堂

European Union

EU（欧州連合）

EUの歴史と概要

　欧州連合（EU）は、経済・通貨同盟をはじめ、共通外交、安全保障政策、警察・刑事司法協力など、幅広い分野での協力関係を進めている政治・経済の統合体。

　EUの歴史を紐解くには、1950年5月9日の「シューマン宣言」まで遡る。

　この日、フランス外相のロベール・シューマンは、独・仏の石炭、鉄鋼資源を共同管理下に置くというシューマン・プランを発表する。この案に従って、1952年に「欧州石炭鉄鋼共同体」（ECSC）が発足する。同共同体の原加盟国はフランス、西ドイツ、イタリア、オランダ、ベルギー、ルクセンブルクの6か国だった。

　後のEU設立に貢献するヨーロッパの人たちには、石炭と鉄鋼が戦争に不可欠な産業であり、それらを自国の産業と結びつけることによって、国家間の戦争が勃発する可能性を低減できると考えていたのだ。

　1957年3月、ECSC6か国は、二つの共同体を設立する基本条約「ローマ条約」に調印する。これによって翌年1月1日、「欧州経済共同体」（EEC）と「欧州原子力共同体」（EURATOM）が発効する。EECは、加盟国間の関税同盟を発展させる推進力となる。

　1967年7月には、ECSC、EEC、EURATOMの3共同体のための単一の制度が作られ、3共同体を総称して「欧州共同体」と呼ばれるようになる。その後1973年には、イギリス、デンマーク、アイルランド、81年にはギリシャ、86年にはスペイン、ポルトガルが加盟し、規模を拡大していく。

　1993年11月、「マーストリヒト条約」が発効、欧州連合（EU）が正式に設立される。これによって、EECと呼ばれていたものがEC（欧州共同体）と呼ばれるようになる。

　1995年には、オーストリア、スウェーデン、フィンランドが加盟。2002年1月には、加盟国のうち12か国でユーロ紙幣・硬貨の流通が始まる。その後19か国までユーロ圏が拡大し、ユーロは世界第二位の基軸通貨となった。

　その後も、EU加盟国は増加の一途をたどり、2013年にはクロアチアが28番目の加盟国となるが、そのころから移民問題や、一部の国で債務危機が起きるなど、問題も露呈する。

　とくにイギリスでは、EU離脱の機運が高まり、2016年には国民投票で離脱賛成票が過半数を占める。そして2020年1月31日、ついにイギリスはEUを離脱する。現在のEU加盟国は27か国。

The European Union (EU) is an integrated political and economic organization that promotes cooperation in a wide range of fields, including united economic and monetary policies, shared foreign and security policies, and police and criminal justice activities.

The origin of the EU goes back to the Schuman Declaration of May 9, 1950. On that date, French Foreign Minister Robert Schuman announced the Schuman Plan, which was a proposal to place French and German coal and steel resources under a single authority. In accordance with this plan, the European Coal and Steel Community (ECSC) was established in 1952. The six original members of the ECSC were France, West Germany, Italy, the Netherlands, Belgium, and Luxembourg.

Europeans who would later contribute to the establishment of the EU knew that coal and steel were essential industries for warfare. They believed that connecting these industries with their own economies would minimize the risk of war breaking out between nations.

In March 1957, the six ECSC members signed the Treaty of Rome, a basic treaty for establishing two communities. The treaty came into force on January 1, 1958, creating the European Economic Community (EEC) and the European Atomic Energy Community (Euratom). The EEC became the driving force behind the development of a customs union among the member states.

In July 1967, the ECSC, the EEC, and Euratom were merged into a single organization that became known as the European Communities. The European Communities expanded when the United Kingdom, Denmark, and Ireland joined in 1973, followed by Greece in 1981 and Spain and Portugal in 1986.

In November 1993 the Maastricht Treaty entered into force, and the European Union (EU) was officially established. With this, the entity that had been called the EEC became known as the European Community (EC).

In 1995, Austria, Sweden, and Finland joined the EU. In January 2002, euro banknotes and coins entered into circulation in 12 EU countries. The euro subsequently became the official currency in 19 EU countries, making it the world's second-largest reserve currency. The EU has continued to grow, with Croatia becoming the 28th member in 2013. However, a variety of difficulties, such as issues regarding immigration and debt crisis in some countries, have been exposed since that time.

Momentum for leaving the EU has been growing, particularly in the UK where a majority of the people voted in favor of Brexit in 2016. As a result, the UK left the EU on January 31, 2020. The EU currently has 27 member states.

EU主要機関〔Major Institutions of the European Union(EU)〕

■欧州理事会

　EU各国首脳、欧州理事会議長、欧州委員長によって構成される、政治レベルの最高協議機関。欧州連合の発展に必要な原動力を与え、一般的な政治指針を策定する。また、共通外交安全保障政策の共通戦略も決定する。

　現在の欧州理事会議長は元ベルギー首相のシャル ル・ミシェル氏。議長の任期は2年半で、ミシェル氏は2019年12月に就任。2022年3月に再選された。

■European Council

The Council is the highest consultative body at the political level, and its members include the heads of government of the EU member states, the President of the European Council, and the President of the European Commission. It formulates general political guidelines and provides the driving force for the development of the EU, while also determining common strategies for foreign and security policies.

The current President of the European Council is Charles Michel, the former Prime Minister of Belgium. The President serves a term of 2.5 years. President Michel took office in December 2019 and was re-elected for a second term in March 2022.

President of the European Council
Charles Yves Jean Ghislaine Michel

■欧州委員会

　加盟国の合意に基づき、欧州議会の承認を受けた委員で構成される。各国1名の計27名で、任期は5年。省庁に相当する総局に分かれ、政策や法案を提案するほか、EU諸規則の適用を監督、理事会決定の執行を担う。

　現在の欧州委員会委員長は、2019年12月に就任した前ドイツ国防大臣のウルズラ・フォン・デア・ライエン氏。

■European Commission

The Commission is composed of Commissioners who are approved by the European Parliament based on the agreement of the EU member states. The 27 Commissioners – one from each member state – serve a 5-year term. The Commission is organized into departments that are similar to ministries, which are responsible for proposing policies and legislation, supervising the application of the EU rules and regulations, and executing the decisions of the Council.
The current President of the European Commission is Ursula von der Leyen, the former Federal Minister of Defence in Germany. Leyen took office in December 2019.

President of the European Commission
Ursula Gertrud von der Leyen

欧州連合（EU）加盟27か国

	国旗	国名	首都	加盟日
1		フランス	パリ	原加盟国
2		ドイツ	ベルリン	原加盟国
3		イタリア	ローマ	原加盟国
4		オランダ	アムステルダム	原加盟国
5		ベルギー	ブリュッセル	原加盟国
6		ルクセンブルク	ルクセンブルク	原加盟国
7		デンマーク	コペンハーゲン	1973年1月1日
8		アイルランド	ダブリン	1973年1月1日

9		ギリシャ	アテネ	1981年1月1日
10		ポルトガル	リスボン	1986年1月1日
11		スペイン	マドリッド	1986年1月1日
12		オーストリア	ウィーン	1995年1月1日
13		フィンランド	ヘルシンキ	1995年1月1日
14		スウェーデン	ストックホルム	1995年1月1日
15		キプロス	ニコシア	2004年5月1日
16		チェコ	プラハ	2004年5月1日
17		エストニア	タリン	2004年5月1日
18		ハンガリー	ブダペスト	2004年5月1日
19		ラトビア	リガ	2004年5月1日
20		リトアニア	ビリニュス	2004年5月1日
21		マルタ	バレッタ	2004年5月1日
22		ポーランド	ワルシャワ	2004年5月1日
23		スロバキア	ブラチスラバ	2004年5月1日
24		スロベニア	リュブリャナ	2004年5月1日
25		ブルガリア	ソフィア	2007年1月1日
26		ルーマニア	ブカレスト	2007年1月1日
27		クロアチア	ザグレブ	2013年7月1日

合人社グループの挑戦
マンションは管理を買う

株式会社 合人社グループ
株式会社 合人社計画研究所

広島県の魅力

G7広島サミットへの思いを聞く

ここから世界へ、ここから未来へ

広島サミット県民会議会長
湯﨑英彦 広島県知事

被爆地の広島で初めて開催されるG7サミット。人類史上初めて原子爆弾が投下された広島で開かれる意義は何なのか。広島が世界に発信する魅力は何なのか。広島サミット県民会議会長を務める湯﨑英彦広島県知事に話を伺った。

写真提供／広島県

広島から力強い平和のメッセージを

　—被爆地広島でサミットが開かれることを、どう捉えていますか。広島が果たすべき役割は何でしょうか。

　昨年5月23日に、岸田文雄首相から発表があり、G7サミットの広島開催が決まりました。その時から現在に至るまで、ロシアによるウクライナ侵略が続き、北朝鮮による度重なるミサイルの発射など、国際情勢はかつてないほど緊迫化し、核兵器使用のリスクへの懸念が高まっています。

　このため、今回のサミットでは平和の回復と維持というテーマが非常に重要になると考えられます。

原爆投下の3日後には広島市内を走った被爆電車。現在も「戦争と平和」を語り継ぐ乗り物として、651号車と652号車が市内を運行している。

　広島という地は、人類史上初めて投下された原子爆弾による徹底した破壊と、そこからの復興という、「戦争の悲惨さ」と「平和による繁栄」の2つのシンボリズムを有しています。サミットの重要なテーマと開催地が持つメッセージ性（シンボリズム）が、今回のサミットほど合致することはないと思っています。

　その意味では、サミットが広島で開催されることは極めて意義が大きく、広島から力強い平和のメッセージを世界中に発信していくことが、私たちの責務であり、世界から求められていることだと考えています。

　—その「平和のメッセージ」ですが、具体的にどのようなメッセージを、どのような形で発信したいとお考えですか。

　県民会議では、各国首脳に被爆の実相に触れていただきたいと考え、昨年10月、国に対して
・広島平和記念資料館の視察
・被爆者との対話
・原爆死没者慰霊碑への参拝・献花
・各国首脳による平和のメッセージの発信
・平和を祈念した植樹
という5つの要望を提出しました。

　各国首脳には、広島という地が持つ戦争の悲惨さと平和による繁栄という2つのメッセージを感じていただいた上で、それを基礎として平和に向けた議論を行っていただきたいと考えています。

　究極には核兵器廃絶が人類にとって必ず必要なものであるということを胸に刻み、核兵器廃絶に向けたメッセージの発信があることも期待したい

と思います。

同様に、メディアの方にも、核兵器が実際に使用されたらどうなるのかということを、広島に来て心で感じていただきたいと考えています。そのため、プレスツアーの実施や、海外メディアの招へいなどの取組を進めています。

メディアの方を通じて、核兵器の悲惨さや、戦争のおろかさ、平和の素晴らしさを世界中の多くの人に実感していただき、平和の意識が高まることを期待しています。

「広島ならではのおもてなし」実現

一国内外から多くの方が広島を訪れます。どのようなおもてなしをお考えですか。

県民の心のこもったおもてなしで、広島を訪れる皆さまに「広島に来てよかった」と思っていただけることが、「広島ならではのおもてなし」だと考えています。

その実現には、県民の皆さまにサミットの趣旨や広島開催の意義、開催の効果などについて理解を深めていただき、歓迎機運を醸成していくことが重要であると思います。

歓迎機運の醸成に向けては、
・県民会議ロゴの制作やカウントダウンボードの製作
・開催150日前の節目に合わせたG7広島サミットフォーラム
・路面電車、バス、タクシーの車体ラッピングと、旅客船の船体ラッピング
・首脳らを歓迎する写真や平和を願うメッセージ写真を募集し、モザイクアートを制作

広島サミット県民会議会長を務める湯﨑英彦広島県知事

・通訳案内士と交通事業者向けの研修
などを実施しています。

また、地元企業や団体からサミットを応援していただく取組・協賛などの募集にも取り組んでいて、2月17日時点で、応援する取組は1500件を超えています。

さらに、サミット開催前後には、県民の皆さまにご協力いただき、花を活用したおもてなしや、クリーンアップ活動も行う予定です。

こうした取組を通じて、サミット開催地として県民の皆さまの歓迎機運を盛り上げ、広島ならではの、温かいおもてなしにつなげていきたいと思います。

広島市中心部を東西4kmにわたって横断する平和大通り。100m道路とも呼ばれ、広島復興のシンボルロードとして知られている

―サミットは、広島の魅力を世界に発信する好機です。

広島には、これまでの長い歴史と人々の営みの中で、先人たちが創り出し磨き上げてきた文化や技術、守り続けてきた自然・景観など、世界に誇れる多様な魅力があります。

2つの世界遺産（嚴島神社、原爆ドーム）と1つの世界無形文化遺産（壬生の花田植）をはじめ、例えば食では、全国的に知名度の高いカキやレモンのほか、全国の和牛のルーツになったともいわれている「広島和牛」、日本三大酒処であり、軟水醸造法で作られた「日本酒」などがあります。

また、このほかに
・穏やかな瀬戸内や里山の豊かな自然と暮らしが一体となった情景
・歴史的な景観やそこで生まれ育った伝統、文化
・活力あふれる産業やスポーツ
・比婆牛、地魚といった多彩でおいしい山海の食
・戦後復興を成し遂げた歴史
など、まだあまり知られていない多くの魅力があります。

サミットという世界中の注目が集まる絶好の機会に、広島の魅力を国内外に発信し、「広島を訪れる」あるいは「広島を選んでもらえる」契機とし、多くの方に広島ファンになっていただけるよう、取り組んでいきたいと思います。

サミット後見据え観光振興に力

―サミットを一過性の盛り上がりに終わらせないためには、サミット後のことも大切になります。サミット後のことについて、どうお考えでしょうか。

サミットの開催により、メディアでの露出が増

広島の魅力　国内外に発信
「広島ファン」を増やしたい

瀬戸内の多島美

和牛本来の奥深いおいしさの広島和牛　　　　盛んなレモンの生産　　　　カキの水揚げの風景

えたり、サミットで使われた食材などに注目が集まったりすることが想定されます。

このため、観光においては、観光関連事業者のデジタル化やユニバーサル化対策、飲食店メニューの英語表記化やトイレの改装といったサミット後を見据えたインバウンド客の受入環境の整備など、「広島に行ってみたい」「再び広島を訪れたい」と思っていただける観光地づくりに取り組んでいきます。

また、大阪・関西万博も見据え、本県がインバウンドを含む国内外からの観光客のV字回復の先駆けとなるように、各市町やせとうちDMO（官民一体となり瀬戸内のブランド確立に取り組む）などとも連携しながら、観光振興策を行っていきます。

合わせて、サミットで使われた食材をはじめとする農林水産物をメディアやイベントなどを通じてPRするとともに、輸出展示会への出展などを通じて、海外も含めた県産農林水産物の販路・消費拡大につなげたいと考えています。

さらに、サミット終了後の効果分析・検証により、サミット開催による効果をしっかりと持続さ

せ、さらなる広島の発展につなげるような取組を検討していきたいと思います。

安全・安心で円滑な開催目指す

――最後に、今回のサミットの成功に向けての思いを聞かせてください。

広島でのサミット開催は、これまで歴史上ない貴重な機会です。

まず、サミットの開催地として、安全・安心で円滑にサミットが開催できることが一番重要であると考えています。そのために公共インフラの修繕や地元説明会、サミット関係者向けの宿泊予約センターの開設など準備を進めているところです。

そして、県民の皆さまにご協力をいただきながら、サミットに参加される方や、サミットを機に広島を訪れる皆さまに「広島に来てよかった」、広島でお迎えする県民の皆さまにとっても「広島で開催されてよかった」とそれぞれ思っていただけるよう着実に準備を進め、必ずやサミットを成功に導きたいと考えています。

県北西部のまちの里山の風景

世界は原爆文献を どう共有してきたか

ヒロシマ・ナガサキの本—あなたの母語で届けたい

リンガヒロシマ
LinguaHiroshima **中村　朋子**（元広島国際大学教授）

広島の共同研究グループ、リンガヒロシマ（LinguaHiroshima）は、世界各地の言語で出版された「広島と長崎への原爆投下に関する文献」の書誌情報を集めてきた。2014 年 4 月にスタートし、収集した75言語 4174件の書誌情報をデータベース化してWebサイトで無料公開している。

■ はじめに

　広島と長崎に原爆が投下されて今年で78年になる。厚生労働省のまとめによると、2022 年 3 月末現在、全国の被爆者数は 11 万8935人に減少し、平均年齢が84.53 歳になったという。被爆体験を直接聞けなくなる日が来るかもしれないという懸念から、被爆者の証言を他言語に翻訳して海外に伝えようとする人々の試みが近年活発化している。

　核兵器の廃絶へ向けて民衆の声が集約されない世界状況の中、国家ではなく人間の安全保障を求める厚い市民層を形成す

ることが緊急の課題だ。「世界は原爆文献をどう共有してきたのか」―データベース構築作業から発見したその道筋を辿る。

■ 出版物の使用言語

　一番出版件数が多いのは、英語、次にドイツ語、フランス語、イタリア語と続く。（注：このデータベースは、原著が日本語の場合には他言語による翻訳版がある本のみを登録している）。

■ 出版件数が 全体の1％以下の言語

　図2は、図１で紹介した「データベースに登録済みの出版物の

使用言語」のうち、「その他」の部分を示している。出版した本が1件だけの言語は、19 言語あり、そのうちの11 言語が児童文学だった。丸木俊『ひろしまのピカ』、フォージア・ミナラ『サダコの祈り』、カール・ブルックナー『サダコ』、うみのしほ『おりづるの旅 さだこの祈りをのせて』などである。

■ 出版物のカテゴリー

　図3によると、文学、児童文学、体験記、写真集・画集、歴史・社会科学、医学、物理学・工学の７つの分野のうち、歴史・社会科学で件数が一番多い。

原爆の製造から、初の実験、広島・長崎への投下に至る経緯を詳細に記録した文献も少なくない。尚、医学と物理学では、現在登録している本以外に、専門的な内容の文献資料がかなりあると推察される。

次に示すのは、戦後77年間で最も出版件数が多かった年とその出版理由についての表である。

【表1】最も出版件数の多い年―全出版物

#	出版年	データベース登録件数	出版理由
1	1995	259	被爆50年
2	2005	245	被爆60年
3	1985	233	被爆40年

最も出版件数が多かったのは、被爆50年だった。一例を挙げると、広島の中国新聞社は

1946頁にわたる『年表 ヒロシマ―核時代50年の記録』をこの年に出版した。過去50年間の広島の歩みをすべて記録する意気込みで編集したことが、序文からも分かる。同年出版の他の文献も、同様な出版意図を持つ。また、一番出版件数の多い英語文献を除いても、出版年の順位の結果は変わらなかった。被爆40年・50年・60年を「世界の記憶」として共有しようという気運が高まった時期だったと言える。

このように、私たちのデータベース構築作業は、被爆の実相を世界がどう共有してきたのかについて振り返る機会となった。

おわりに

現在、世界の言語のうち、母語として使用している人が最も多い言語は中国語、次にスペイン語、英語、アラビア語、ヒンディー語と続く。英語を除いた他の言語は、使用人口が多いにもかかわらず、原爆文献の登録数がまだ十分ではない。埋もれている文献がもっとあるだろう。調査を続け、データベースの登録件数を増やすことが今後の課題だ。2年後の被爆80年までには、「ネバーアゲイン ヒロシマ・ナガサキ」を標語に、さらに多様な言語による出版物の情報が世界各地に浸透していくことを願ってやまない。

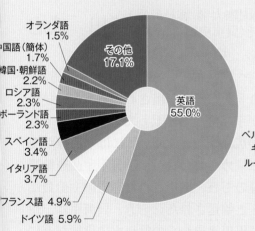

【図1】データベースに登録された出版物の使用言語トップ10（日本語を除く）

その他 17.1%
英語 55.0%
オランダ語 1.5%
中国語（簡体）1.7%
韓国・朝鮮語 2.2%
ロシア語 2.3%
ポーランド語 2.3%
スペイン語 3.4%
イタリア語 3.7%
フランス語 4.9%
ドイツ語 5.9%

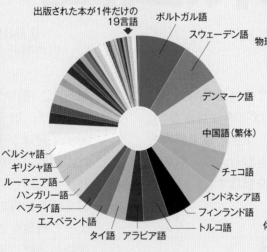

【図2】図1の[その他]使用言語

出版された本が1件だけの19言語
ポルトガル語
スウェーデン語
デンマーク語
中国語（繁体）
チェコ語
インドネシア語
フィンランド語
トルコ語
アラビア語
タイ語
エスペラント語
ヘブライ語
ハンガリー語
ルーマニア語
ギリシャ語
ペルシャ語

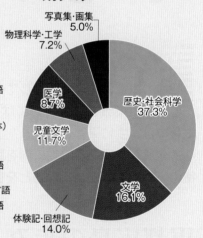

【図3】データベースに登録された出版物のカテゴリー

写真集・画集 5.0%
物理科学・工学 7.2%
医学 8.7%
児童文学 11.7%
歴史・社会科学 37.3%
文学 16.1%
体験記・回想記 14.0%

あなたの母語で届けたい

私たちのこのような研究は「世界中の言語でいったいどれだけ原爆文献があるのだろう」という素朴な疑問から始まった。当時、リンガヒロシマの編集者ウルシュラ・スティチェック（欧州の諸言語に明るいポーランド出身の研究者）は多言語で読める原爆文学の検索をしており、もう一人の編集者、中村朋子（日本人英語教師）は英語で読める広島・長崎文献のリストを作っていた。やがて、これらの活動を基に「多言語で読む広島・長崎文献」のリスト作成が私たちの共同研究課題となり、技術顧問の藤村寛によるデータベース化へと発展した。

ところで、カトリック教徒のスティチェックは「自分は国際コミュニケーションのために多様な言語を使っているが、お祈りは母語でする」と言う。聞き手又は読み手は、メッセージが母語であれば心の奥深いところで即座に受け止めるとも言う。私たちが「原爆文献をあなたの母語で届けたい」と言うと、「なぜ母語なのか」と尋ねられることがある。被爆の実相を世界の草の根にまで届けるためには、英語だけでなく他の言語で読める書誌情報も提供していくべきだと私たちは考えている。その結果、本データベースの構築は、延べ34名の多言語協力者を含めて総勢46名の協力を得たプロジェクトとなった。

LinguaHiroshima リンガヒロシマ：ヒロシマ・ナガサキ―多言語で読む広島・長崎文献
【日本語サイト】https://www.linguahiroshima.com/jp/
【英語サイト】https://www.linguahiroshima.com/

史蹟大本営跡（広島市公文書館所蔵）

軍事県広島の形成

広島国際大学 客員教授
呉市嘱託（呉市史編纂担当） 千田 武志

戦前の広島は、軍事県としての特徴を有していたといわれるが、その実態には不明な点が多い。本稿では、主に軍都と言われた広島と軍港都市として発展した呉の明治期に例を取り、軍事県の特徴の一端を明らかにすることを目指す。

軍都広島の歩み

軍都広島の胎動

広島の軍事史は明治4（1871）年の兵制の改革にともない全国に4鎮台が設置され、広島に鎮西鎮台第一分営が置かれ歩兵1大隊が配備されたことに始まる。その後、6年に第5管区広島鎮台、そして21年には第5師団が設置された。

日清戦争に果たした広島の役割

日清戦争において広島は、防御と海上輸送に適した瀬戸内海に呉鎮守府と隣接して位置すること、宇品港を有した都市であることが着目され、補給基地、臨時首都としての役割を担うことに

なった。清国へ宣戦布告する2カ月前の6月5日、第5師団に第一次充員令が出され、真っ先に第5師団先発隊が宇品港から出兵した。その後、6月に山陽鉄道が広島まで、また8月には宇品線が開通、全国から集められた兵員や物資が宇品運輸通信支部の指導のもと、徴用された運送船や船員によって戦地へと輸送された。一方、呉海軍は、運送船の造修、軍用水道からの飲料水の供給などに協力した。

こうしたなかで、明治27年9月には明治天皇が広島に到着し、大本営は東京から広島の第5師団司令部庁舎に移転した。また10月には広島市および宇品地域が臨戦地境と定められ、第7臨時議会が開かれた。この間、多くの要人、兵士、商人が市内はもとより周辺の旅館や民家に宿泊、広島はかつてない活況を見せたのであった。

明治27年7月に広島陸軍予備病院が開院、伝染病、脚気患者など約5万4000人が入院し治療を受けた。また28年6月には、最新式の蒸気消毒装置などを備えた世界最大規模の似島臨時陸軍検疫所が開所、後藤新平事務官長の指導のもとほ

広島市に残る最大級の被爆建物「旧陸軍被服支廠」＝広島市南区（朝日新聞社／時事通信フォト）

ば完全に検疫を実施した。しかしすでに2月から広島ではコレラが発生、夏にかけて大流行し多くの市民が犠牲となった。こうした悲劇は陸軍による大規模な消毒、似島臨時陸軍検疫所避病院船入村分室（現在の広島市立舟入市民病院）の開院などにより、終息を迎えた。

軍事施設の拡大と北清事変

日清戦争において補給基地としての重要性が認められた広島には、明治30年4月に陸軍中央糧秣廠宇品支廠、9月に広島陸軍兵器支廠、11月に台湾陸軍補給廠運輸部宇品支部が設立、31年に水道が完成した。

こうしたなかで明治33年に北清事変が発生した。海軍陸戦隊による事態の収拾に失敗した連合軍の要請を受けた日本政府は、6月15日の臨時閣議において第5師団第11連隊第2大隊などの、また7月6日に第5師団の残存部隊全部の動員を決定、6月から7月にかけて宇品港から出発した。そうしたなかで6月には広島陸軍予備病院を開院、フランス人など外国人125人をふくむ約8000人を受け入れ、最新のレントゲンを使用し弾丸の位置を確認した手術により、手や足の切断を減少させるなどの成果をあげた。

日露戦争と広島

明治37年2月10日に宣戦布告された日露戦争において、広島では4月に台湾陸軍補給廠本廠の陸軍運輸部本部への昇格など軍事施設の拡張があ

り、日清戦争をはるかにこえる補給業務を遂行した。また同月には陸軍一の規模の広島予備病院を開院、約22万4000人の患者を治療し伝染病の減少などに成果をあげた。ただし脚気に関しては、千田町分院に脚気病研究所を設置したものの成果をあげることはできなかった。一方、日清戦争で開所が遅れたことを教訓として早くも11月に開設された似島臨時陸軍検疫所は、約66万3000人を検疫するなど伝染病の予防に大きな役割を果たした。

日露戦争中の明治38年4月10日、陸軍被服廠広島派出所が設置された。その後、41年3月3日には広島陸軍被服支廠に昇格、これまでの陸軍被服品の製造・修理、補給、試験業務に加え縫靴工長の養成を行うことになった。そして44年から大正3（1914）年にかけて、保存が決定した現存する4棟の鉄筋コンクリート・レンガ組積造の巨大倉庫などを建築した。

軍都広島の性格

これまで述べてきたことを総合すると、軍都広島の実態は宇品港を基軸とする兵士と物資の一大補給および医療基地、端的にいえば「海の陸軍」であったといえよう。これらの施設は、女性の多い職場を提供し、運輸・交通、食品、兵器、被服など幅広い産業の発展を促すとともに、医療の発展に貢献した。他方、補給基地の兵士は真っ先に前線に駆り出され、市民は伝染病にさらされ、秘密保持が優先されせっかくの良港の宇品は開港と

旧呉鎮守府庁舎（海上自衛隊呉地方総監部第1庁舎）（提供・呉市）

なりえず、企業誘致もままならなかった。このように軍事は広島の近代史に多大な影響をおよぼしたのであるが、未だ実態の解明にはほど遠い状況にあり、歴史から学ぶためにもさらなる研究が求められる。

軍港都市呉の歩み

呉鎮守府の目的と開庁

　明治9（1876）年、海軍省は日本の海域を東海および西海の2区に分け、鎮守府（艦船と水兵などを備えて海軍区を防備し兵器を製造・修理する機関）の設立を決定、横浜に東海鎮守府を仮設した。そして14年に艦艇の国産化のために、防御に最適な呉港に海軍一の造船所を有する西海鎮守府を設立することにした。16年に科学的な調査を実施し、19年には第2海軍区鎮守府の位置を呉港と決定した。同年、3期8年以上1382万円をこえる予算で、1期の3年間で狭義の鎮守府を建設し、2期の5年間で巡洋艦の建造可能な施設、3期（期間未定）に戦艦建造の可能な施設を建設することを目指す呉鎮守府設立計画を作成した。22年7月1日、1期工事を終え呉鎮守府が開庁した。

呉海軍工廠の成立

　明治23年、呉鎮守府設立計画に沿って巡洋艦の建造を目指す造船部8カ年計画、また新たに他の海軍工作庁にはない巡洋艦への搭載兵器の製造

を目指す呉兵器製造所13カ年計画を決定した。そして33年に110万円の予算によって4カ年で戦艦搭載用30センチ砲と兵器の素材となる特殊鋼の製造を目指す第1期呉造兵廠拡張計画、35年には4カ年で戦艦などの防御の要となる装甲鈑などを製造する第2期呉造兵廠拡張計画、さらに第3船台を戦艦建造用に大改造することを決定した。36年11月10日、海軍工作庁で最大の造兵部と唯一の製鋼部をもち、造船部、造機部、会計部、需品庫からなる、職工数1万2847人（横須賀工廠の約2倍）の呉海軍工廠が成立した。

最初の主力艦の建造とその意義

　明治37年までに呉工廠で建造された艦艇は3等巡洋艦「対馬」（3120トン）をはじめ、報知艦「宮古」、砲艦「宇治」と水雷艇17隻を数えている。この3000トン台の建造実績しかない呉工廠で、日露戦争期とその後の繁忙期に最初の主力艦である1等（装甲）巡洋艦「筑波」（1万3750トン）と姉妹艦「生駒」を同時期に短期間（2年と3年）で完成したことにより、同廠は日本一の工廠と認められるようになった。さらに両艦は、呉工廠製の主砲、装甲鈑、機関を装備した国産艦としても注目された。

兵器の生産と技術移転

　先進国に比較して短期間で主力艦の国産化を実現できた理由の一つは、海軍が技術移転をより徹底したことにあった。海軍は先進国に艦艇などの

「歴史の見える丘」から一望できる旧呉工廠造船部の巨大ドック〈左は戦艦「大和」を建造した造船ドックの上屋〉（提供・呉市）

兵器を発注する際、必ず受注した民間会社に技術者を派遣し技術の習得に努めたが、造兵・製鋼部門を有する唯一の呉工廠は直接に機械を操縦する職工にまでそれを広げた。また海軍は見習職工や定期職工制度により職場内教育と勤続年数の長期化による技術の発展を目指した。呉工廠では呉工業補習学校卒業生を無試験で見習職工に採用する制度をつくるなど、優秀な地元の青年の採用につとめた。そして大正期になるが、7（1918）年に他の工廠に先駆けて働きながら学べる職工教習所を設立、さらに昭和3（1928）年には、選抜された職工に技手にふさわしい教育をする技手養成所を横須賀から移転し、廠内教育においても中心となった。

呉工廠の光と陰

　横須賀工廠から約20年おくれて出発した呉工廠において最初の主力艦の建造と搭載兵器の製造を実現し得たのは、戦艦建造という目的のもと長期的計画を作成し段階を追って施設を整備するとともに徹底した技術移転と職工教育を重視した点にあった。こうして生まれた呉工廠の先端技術は、兵器の発注と技術指導により民間にも移転され、日本企業の技術発展に貢献した。また能力がありながら経済的理由により中等学校への進学がかなわなかった青年に、光明をもたらした。だが「筑波」の建造とほぼ同時期にイギリスはそれを上回る能力の「ドレットノート」を完成、日本はそれに比肩する国産兵器の開発のため過度な財政支出を必要とされる先進国間の軍拡競争に巻き込まれ、国民は苦しい生活をしいられることになった。

　最後に、こうした光と影をもたらした原因を呉工廠の起源に遡って再考する。明治14年に海軍一の造船所の地として呉を選んだ赤松則良主船局長の弱小国日本の国防論は、強国に攻められても防御に最適な兵器製造所で海防艦や水雷艇という小型艦艇を建造し、海防艦隊によって守り抜くというものであった。ところがその後、甲鉄艦（戦艦）を中心とする外洋艦隊論が台頭し、両派の間で激しい論争が展開されたのであるが、内閣制への移行にともない論争に決着をつけないまま外洋艦隊派が海軍省の主流を占める人事が強行された。そして彼等によって、戦艦の建造を目的とする日本一の呉工廠の形成が推進されたのであった。目的をかかげて長期的な計画のもと段階的にそれを実現することは、明治期も現在にも必要な方法であるが、徹底した討論をつくして適切な目的を設定することの大切さを、呉工廠の形成史は示しているといえよう。

主な参考文献

　『新修広島市史』第2巻（広島市役所、昭和33年）、広島市郷土資料館『陸軍の三廠〜宇品線沿線の軍需施設〜』（平成26年）、千田武志『呉海軍工廠の形成』（錦正社、平成30年）、『呉市史　資料編』海軍Ⅰ（呉市役所、令和4年）

広島人の力

ノンフィクション作家　岩中祥史

　「広島」と聞いて多くの人が思い浮かべるのは、やはり原爆であろう。太平洋戦争末期の1945年8月6日以来、この地はそうした宿命を背負うこととなった。

　もう一つ忘れてならないのはプロ野球チーム広島東洋カープである。太平洋戦争終結後に産声を上げながら、今日ではその圧倒的な存在感によって、地元だけでなく全国津々浦々にその名をとどろかせているからだ。

　この二つを抜きに「広島」を語ることはできないが、他にも、広島を際立たせている事物は少なくない。わかりやすいのは宮島、もみじ饅頭、お好み焼きといったところだろうか。どれも皆、他県には見られない、強烈な存在感が多くの日本人にインプットされている。

　その背景には、この地に生きる人々が持つ、ある意味日本人らしくないユニークな気質・性格がある。ひと言で表現すれば、それは「型にとらわれない自由な発想」である。それがいったい何に由来するのか、探ってみよう。

広島城＝2016年5月4日、広島県広島市（時事）

型にとらわれない 自由な発想

　古代から中世にかけ、広島周辺は山陽道（現在の兵庫県西部から山口県に至る瀬戸内海沿岸地域）に属していた。その中で現在の広島県は備後と安芸の二つの国から成っている。人々の多くはおだやかな海の近くに暮らし、主に漁業と農業を生業としていた。

　農業は平野部が狭かったこともあり、生産量が少ないのが悩みだったようだ。だが近世に入り、現在の広島城が築かれると城下町として発展、人口も急増した。その結果、米など農作物の生産量を増やすのが至上課題となる。それを解決すべく実行されたのが埋め立てである。土地が足らないのなら増やせばいいという、単純明快な方策であった。

我慢するより、ダメ元でも行動

　それでも人口の増加に追いつかなかったため、人々は他の地域に出稼ぎに行くようになる。一番多かったのは船方（船乗り）。海自体は穏やかでも潮の動きの激しい瀬戸内海で鍛えられていた広島の船乗りは、各地で重宝されたようだ。また、漁師も多かった。近くは愛媛、大分あたり、遠くは長崎県の五島列島などでいまも見られる漁法は、江戸時代半ば以降、広島から出稼ぎに行っていた漁師が持ち込んだものだ。

　他にも、広島人は国内各地に赴き、木挽き、大工、船大工、石工、茅葺きなどさまざまな仕事に携わった。〝安芸もん〟と呼ばれた彼らは、行った先々でその仕事ぶりを高く評価され、地元の人たちから大きな信頼を勝ち取っていた。

　さらに、江戸時代末期から明治時代に入ると国内だけでは追い付かなくなり、ハワイ、アメリカ西海岸、南米、東南アジア、南太平洋など海外に移住する者が続出する。現在と違って、移住先の情報などほとんど皆無だっただけに、大胆といえば聞こえはいいが、無謀に近い選択だったにちがいない。それでもやはり成功を収める者が多く、兄弟姉妹、親類縁者を筆頭に、友人・知人までもが、後を追うように海外に出て行った。

　ハンディをハンディにとどめて我慢するのではなく、思い切って新境地を探し出す・作り出す――こうした選択は、長らく島国に暮らしてきた日本人にはなじまないものだった。にもかかわらず、出自にかかわりなくそうした大胆な行動を見せてきたのが広島人なのである。

天守北西より見た広島城天守閣
＝昭和（戦前）、広島市公文書館所蔵

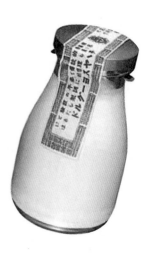

◀1930年に設立された株式会社チチヤスの販売店

1917年に日本で初めて発売されたヨーグルト。ガラスビンに入っていた▶

（提供:株式会社チチヤス）

〝前例のないこと〟にも果敢に挑む

数多くの日本初製品を生む

　こうした大胆さは、いまの時代にあっても変わらない。近代以降広島の地で生まれた〝日本初〟の製品は多く、それも幅広い分野にわたっている。ヨーグルトもその一つである。

　ヨーグルト自体は中央アジアの遊牧民の間で古くから飲まれていた乳酸菌発酵食品。そのヨーグルトに早くから注目し、日本で初めて売り始めた（1917年）のは広島の牛乳製造販売会社（現「チチヤス」）の2代目・野村清次郎である。

　世間では牛乳でさえまだ広く飲まれていない時期のことで、最初はなかなか普及しなかったが、粘り強く販売を続けた。1950年代も半ばを過ぎたころからようやくその努力が実り始め、今日に至っている。

　パンのアンデルセングループ（1948年の創業時は「タカキベーカリー」）は冷凍パン技術の先駆けである。焼きたてパンのおいしさを広めるこ

とで日本にパン文化を育てたいと考えた創業者・高木俊介が、冷凍パン（生地）の開発に本格的に着手したのは1963年。その技術を用いて、冷凍パン生地を使ったベイクオフシステムを確立、「リトルマーメイド」のブランドで焼きたてパンのおいしさを広げていった。

　また、いまではどこでも当たり前のセルフサービス方式（客がトレーとトングを持ち欲しい商品を選び購入する）を初めて導入したのも同社である。このスタイルは1967年、本通にオープンした広島アンデルセンがその発祥だ。

海外に進出するのは当たり前

　冷凍保存の技術は20世紀後半、長足の進歩を遂げ、保存食の世界に大きな革命を起こす。それまで保存食といえば缶詰がその代表であった。日本では日清・日露両戦争のころ、兵士の糧食としてさまざまな缶詰が開発製造されたが、戦争が終

◀看板商品「ダークチェリー（デニッシュペストリー）」。デニッシュペストリーはアンデルセングループが1962年に日本で初めて販売した

1967年オープン当時の広島アンデルセン。店内にはパンのある食卓を彩るワインやデリカテッセン、花なども並んだ▶

（提供:アンデルセングループ）

1936年ごろの旗道園（現：アヲハタ）製オレンジママレードのラベル
（提供：アヲハタ株式会社）

わると民間の需要が増えていく。

　そうした中、1927年その後世界的なヒット商品となったミカン缶詰を事業化したのが、広島県出身の加島正人である。仲次業としてその販路を開拓した中島商店の全額出資により竹原市で設立された「㈱旗道園（現アヲハタ㈱）」がオレンジママレードの製造に着手、その後日本初の低糖度ジャムの開発にも成功し、今日に至っている。

　かっぱえびせんで知られる「カルビー（前身は1949年に創業された松尾糧食工業㈱）」もまた、広島が創業の地である。1955年、日本で初めて小麦粉を原料としたあられの製造に成功、それから約10年後かっぱえびせんを発売したところ、これが大ヒット。1970年からは海外進出も果たしている。

　同社がここまで発展したのも、「海外」をテコにしたからだ。かっぱえびせんは発売後まもなくアメリカの国際菓子博覧会に出品され、そこで高い評価を得た。その情報が日本に伝えられ、国内でも一挙にその名が知られるようになったのだ。

　こうしたフットワークの軽さは広島人ならではのもので、先のアンデルセングループも早い時期から海外に展開していた。

　殺虫剤メーカーとして世界中に知られる「フマキラー（1874年の創業時は大下回春堂）」も広島発の企業だ。同社は1920年、世界初の殺虫液「強力フマキラー液」で特許を取得、東南アジア等での製造・販売を手掛け、急成長を遂げた。その後害虫が媒介する感染症がまん延する地域を中心に、海外にも本格進出、大成功を収める。

　「安全・安心」をコンセプトに開発した世界初の電気蚊取り器「ベープ」は発売から今年で60年。いまなお、広島から〝世界初〟の商品を次々と生み出している。

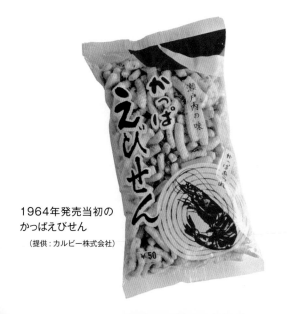

1964年発売当初のかっぱえびせん
（提供：カルビー株式会社）

◀大下回春堂
（現：フマキラー）
創業当時の写真

1963年に開発された
初代「ベープ」▶
（提供：フマキラー株式会社）

セ・リーグ優勝パレードで沿道に詰めかけたファンに手を振る広島の選手ら＝2016年11月5日、広島市中区(時事)

中途半端なことはしない

「ないのなら作ってしまえ!」

こうした「初めてへの挑戦」「外に打って出る」といった広島人の気質は、市民・県民が一体となったカープへの応援でも見られる。

カープはもともと、日本のプロ野球界には例のない〝市民球団〟として生まれた。そのこと自体が大胆な挑戦だったし、チームが存亡の危機に陥ったときの対処も、街頭募金による資金集めなど、なんともユニークだった。そうした活動が奏功し、球団は息を永らえる。

ただ、慢性的に資金が不足している球団にいい選手はなかなか集まらず、チームは長い間低迷を続けた。そこから脱却する決め手になったのもまた、広島人ならではのやり方である。1975年、日本プロ野球で初めて、アメリカ大リーグ出身の監督(ジョー・ルーツ)を迎えたのだ。

ルーツは「冒険野球」をキャッチフレーズに掲げ、さまざまな改革を断行する。中でも、日本球界の歴史始まって以来という赤い帽子(ヘルメットも)の採用は、ファンばかりか選手・コーチの度肝を抜いた。しかし、それが選手たちを奮い立たせたのだろう、この年カープは初のリーグ優勝を成し遂げた。

ルーツ流の「やるなら徹底してやる」というスタイルは広島という地に、またそこに生きる人たちの価値観にぴったりハマったのである。

しかも、この貴重な経験を後世にも残すべく、広島市立の小中学校では、授業にも「カープ」が取り上げられている。こんな都市は全国でも広島だけだ。

郷土愛は、遊びの〝活性剤〟

プロ野球だけではない。1993年にスタートしたサッカーJリーグでも、サンフレッチェ広島は最初から加盟しているし、2016年から始まったバスケットボールBリーグでも、当初は下部リーグのB2だった広島ドラゴンフライズが、現在は

ジェット風船で盛り上がる広島東洋カープのファン＝2017年9月14日、マツダスタジアム(時事)

退場する選手に手を振る広島ドラゴンフライズのファン「ブースター」＝2022年12月14日、広島サンプラザホール

(提供:広島ドラゴンフライズ)

大勢のサポーターに見守られながら円陣を組むサンフレッチェ広島の選手＝2023年2月26日、エディオンスタジアム広島 (提供:サンフレッチェ広島)

B1に昇格、男子バレーボールV.LEAGUE DIVISION1のJTサンダーズ広島は、日本リーグ発足時から一度も降格していない唯一のチームだ。また、2024年9月スタート予定のハンドボールの新リーグには、広島の女子チーム「イズミメイプルレッズ」の参入が内定している。

　もともと広島は、明治時代からスポーツが盛んだった。野球、サッカー、バスケットボール、バレーボールのほかにも、陸上競技、ラグビー、ゴルフ、駅伝など、さまざまな競技で名プレーヤーを輩出していることからもそれはわかる。これはやはり、広島人の日常生活が、他地域の人たちに比べ、スポーツとの関わりが深くて強いからだ。

　スポーツの英語〝sport〟は「気晴らし」「楽しみ」「遊び」を意味する〝disport〟に由来する言葉である。その語源はラテン語の〝deportare〟（「苦役から逃れる」「憂いを持ち去る」の意）にさかのぼる。広島人はもともと、そうしたことを志向する気持ちが、平均的日本人より強いように思えてならない。

　言い換えれば、広島人は人生の中に遊び・楽しみをより多く取り込むために仕事をしているので

はないか。そして、少しでも効率よく、また少しでも多くの成果を得ようと、多少のハンディなどものともせず、その解決にエネルギーを差し向ける。休日にゆっくり過ごし平日の仕事に備える人が多い日本にあって、濃密な休日を過ごすために平日は仕事に励むという広島人の考え方・生き方はそれと真逆である。

　そうして蓄えたエネルギーに、郷土愛という〝活性剤〟が加わり、カープに寄せられる応援は他の球団を圧倒するものとなる。カープの試合がある日のマツダスタジアムは、平日休日を問わずとにかく熱い。試合前の広島駅周辺、終了後は繁華街も含め、広島人の心は真っ赤に燃える。強烈なローカリティーで鳴る名古屋や福岡もかなわないだろう。

岩中祥史（いわなか よしふみ）
　1950年生まれ。愛知県立明和高校から東京大学文学部に進み、出版社に勤務後、1984年より出版プロデューサーとして活動するとともに執筆活動も。地域の風土と人々の気質との関係をテーマに、『名古屋学』『博多学』『札幌学』『鹿児島学』『新 不思議の国の信州人』『新 出身県でわかる人の性格』など著書多数。2011年に上梓した『広島学』はご当地広島の人たちをも驚かせる内容で、ベストセラーになった。

コート上の選手を応援するJTサンダーズ広島のファン＝2023年1月7日、広島グリーンアリーナ
(提供:JTサンダーズ広島)

広島市の平和記念公園前を一斉にスタートする1区の選手たち＝2023年1月22日、同市中区 [代表撮影] (時事)

広島の食べ物といえば真っ先にカキを挙げる人が多いだろう。全国の生産量の半分以上を占めているから当然かもしれない。カキと肩を並べるのが穴子で、相撲の世界になぞらえるなら、東西の両横綱と言ってよい。

それ以外にもタコ、タチウオなど、広島で獲れる魚介類のおいしさは折り紙付きで、これらを目当てに当地を訪れる人も少なくないはずだ。中国山地を発する多くの川から流れ落ちてくる滋養分をふんだんに体内に取り込んでいるおかげである。

ほかにもお好み焼き、汁なし担担麺（たんたんめん）、もみじ饅頭（まんじゅう）などが広く知られている。また、日本酒の蔵元も多く、いくつもの銘酒がある。ここでは、そうした広島県の食文化にスポットを当ててみよう。

ノンフィクション作家　岩中祥史

広島の食文化

カキ

室町時代から伝わるカキ

広島のカキは、室町時代にはすでに養殖技術が確立していたという。江戸時代の初めには、広くその存在が知れわたっていた。毎年冬の訪れとともに、広島市の草津、仁保（にほ）、矢野あたりから生カキを満載した養殖業者の船（「カキ船」と呼ばれる）が 40 艘（そう）ほど、瀬戸内海沿岸各地の村々に立ち寄りながら売っていた。

元禄年間（1688 ～ 1704）になると、カキ船はいまの大阪あたりまで進出する。湾に注ぐ川の河口周辺にいかりを下ろし、船内で調理したカキを近在の人たちに食べさせるようになったのは幕末期から。食い道楽の大阪人にはこれが大ウケしたようだ。

瀬戸内海に浮かぶ、カキを育てるための「カキいかだ」

64

タコ

食べ方いろいろ・広島のタコ

　夏の広島といえば、タコも忘れてはならない。なかでも、広島の東・三原の沖合で獲れる「三原やっさタコ」は味に定評がある。このあたりの海は小さな島が密集し、岩場も多いため、タコにとっては絶好の生息地。潮の流れも速く、岩に貼り付いていようという習性を持つタコの身はいやおうなしに引き締まる。歯ごたえのよさはそのおかげだ。

　刺し身はもちろん、すし、タコ飯、タコ天、湯引き、酢の物、煮物など、どう食べてもおいしい。

漁師料理がルーツの穴子飯

アナゴ

　広島の西に位置する宮島では、地元で豊富に獲れる穴子が、夏に厳島神社を参拝に訪れる人たちの心をつかんだ。

　よく知られているのは穴子飯。かば焼きにした穴子を炊き立てのご飯の上に敷き詰めたものだ。漁師料理がルーツらしく、それが徐々に広まっていったのだろう。1897年、山陽鉄道宮島駅が開業、地元のある業者が駅弁として売り出したところこれが大好評。地元に戻った参拝客からその話が伝えられ、全国に広く知られるようになった。

小イワシ

タチウオ

「7回洗えばタイの味」！？

　カタクチイワシを広島では小イワシと呼ぶ。「7回洗えばタイの味」と言われ、刺し身にして食べることが多い。口にすると、「これって、本当にイワシ？」と聞きたくなるのではなかろうか。

その名は銀白色の体に由来？

　タチウオも、広島では一本釣りで獲るため、表皮に傷がない。銀白色をした細長い体は見た目も美しく、「太刀」の名に似つかわしい。甘みがあり脂もよく乗ったタチウオは、県外でも高く評価されている。

お好み焼きは焼き方が独特

　広島を訪れると真っ先にお好み焼き店に行くという人も少なくないはずだ。お好み焼き自体は全国どこでも食べられるが、広島のそれは焼き方が独特である。水で溶いた小麦粉を薄く伸ばして焼いた生地の上に、野菜や肉などの具を乗せてひっくり返し、ソバや卵の上に重ねていくのが広島風。小麦粉と具を最初から混ぜて焼く関西風のお好み焼きとは決定的に違う。

　ソースも焼き方に合うよう調合したものが使われ、その最大手がオタフクソースだ。

レモンの収穫量は全国一位

　レモンの収穫量でも、広島は全国一を誇る。瀬戸内海に浮かぶ島々の傾斜地を中心に栽培されている「広島レモン」の始まりは 1898 年。和歌山県から購入したネーブルの苗に混入していたレモンの苗を、呉市豊町に植えたことから栽培が始まった。

　防腐剤不使用、ノーワックスのため皮まで安心して使え、また一年中楽しむことができるのが特徴。最近では、お菓子や飲み物などの加工品にも用いられ、人気を博している。

もみじ饅頭（まんじゅう）は若者にも大ウケ

　その名のとおり、モミジの名所として知られる宮島で生まれたもみじ饅頭。長らく「宮島のおみやげ」として重宝されていたが、1980 年代の初め、漫才のネタに取り上げられたのを機に「広島のお菓子」に〝昇格〟。いまではすっかり〝全国区〟になった。

　にしき堂、やまだ屋、藤い屋が有名。最近はにしき堂の「生もみじ」が人気だという。本来のもみじ饅頭とはまったく異なるモチモチとした独特の食感が若者にもウケているようだ。

日本酒

広島は吟醸酒が生まれた地

　意外に思う方がいるかもしれないが、広島の西条（東広島市）は、伏見（京都）、灘（兵庫）と並ぶ日本三大銘醸地。歴史も古く、酒造りが始まったのは1650年ごろだという。

　この地方の湧き水は軟水で、酒造りに不向きとされていたのを、独自の醸造技術、酒造米の精米技術などを編み出すことでみごとに克服したのが素晴らしい。それにより、高級酒の代名詞とされる吟醸酒が生まれたのである。

　こうした先人たちの粘り強い努力が実を結び、西条をはじめ、県内各地から銘酒を世に送り出すまでになった広島。欧米では昨今日本酒がブームになっているそうだが、そうした新しい市場でも力を発揮するにちがいない。

つけ麺　汁なし担担麺

担担麺（たんたんめん）は汁なしがオリジナル

　1955年に東京・中野で生まれたとされるつけ麺。いまでは、ラーメンともそばとも異なる独自のメニューとしてすっかり定着した。広島のつけ麺もそれから派生したのだろうが、中華麺に、チャーシュー、キャベツなどゆでた野菜、ゆで卵を具材として添える。つけだれも、しょうゆをベースにしているが、唐辛子・ラー油・酢・ごまなどを加えた辛口が基本だ。

　担担麺も広島では、他地域で食されているそれと異なり、汁がないのが標準スタイル。本場の中国四川省では、もともと汁がなかったことを考えると、広島のほうがオリジナルに近いのかもしれない。

写真提供／カキ（右）＝広島県、カキ（左）＝広島県漁業協同組合連合会、タコ＝三原観光協会、アナゴ（右）＝広島県、アナゴ（左）＝あなごめしうえの、小イワシ＝広島県、タチウオ＝呉市豊浜市民センター、お好み焼＝オタフクソース株式会社、レモン＝JA広島果実連、もみじ饅頭＝株式会社にしき堂、つけ麺・汁なし担担麺＝広島県

広島のエンターテインメントを創った

東洋観光グループHD 代表
今井 誠則さんに聞く

お好み焼徳川

　今井さんは「関西に行った時、桟敷（さじき）席でお好み焼きを焼きながら、舞台中央の劇を見られるのが大人気だったのを見て、ビジネスモデルを思い立った」という。お客が自らお好み焼きを焼く楽しさがある上、人件費が削減できる分、材料にお金を掛けられる。それまでの自宅の一部に鉄板を据えておばちゃん一人が焼くスタイルではなく、大箱の経営ができる。これがお好み焼徳川のスタートだったようだ。

昭和54年7月にリニューアルオープン
当時の徳川新天地店の内装（写真上）
と徳川のロゴ（写真右）

東洋観光グループHD 代表 今井 誠則さん

　企画は見事に当たり、テレビCMでのお好み焼の焼き方ソングがさらに人気に火を付けた。ちなみに有名な徳川のテレビCMの作詞は今井さんである。お客が自分で焼くスタイルの徳川は昭和時代に多店舗展開。今に至っている。

回るホテルのレストラン

　東洋観光は高度経済成長のさなか、昭和41年、広島市内の一等地に展望回転レストランを備えた「広島国際ホテル」を開業。今井さんは「当時は国内でも1〜2カ所しかない回転する展望レストランは連日長蛇の列で、1時間、2時間待ちは

ひろしま国際ホテルの回転するスカイラウンジでは
広島の風景を見ながら食事ができる（写真は昭和40年代）

広島国際ホテルの竣工式（しゅんこうしき）▶

広島は戦後の復興期に多くの食文化が開花した。代表的なカキ、お好み焼き、菓子…枚挙にいとまがない。このけん引役であり広島地場のホテル、飲食業の〝BigBoss〟である東洋観光グループ代表、今井誠則さんにその歴史を振り返っていただいた。題して『あの時のエンターテインメントをひらめいたちょっといい話』。　吉田実篤

今井誠則さん プロフィル

昭和22年1月5日生まれ。昭和44年3月立教大学卒業。昭和44年4月東洋観光株式会社入社、営業本部に配属。44年9月同社取締役。45年3月同社ホテル部副支配人。45年9月同社常務取締役。49年6月同社広島国際ホテル支配人。55年9月同社専務取締役。59年9月同社代表取締役社長。団体歴、公職歴、表彰歴多数あり。

ひろしま国際ホテル
昭和41年11月営業開始。宴会場、レストランを備える当時広島を代表するホテル。現在芸州本店、トンフォン、ミカーサの三つのレストランが営業中。

展望台からの眺め

当たり前だった」と回想する。

こうなると、今井さんは広島のエンターテインメントの仕掛け役として県外からも注目されるようになった。昭和46年には「広島国際プラザ（現在は東洋観光グループHD本社）」をオープン。舞台は大仕掛けで上下し、室内には噴水があり、最先端の照明で演出されるショーを見ながら食事が楽しめる、今風で言えば、「プレミアムなキャバレー」もしくは、当時東京赤坂の最高級店「ニューラテンクォーター」に負けない広島の社交場として常連客は競って来店したという。右の「広島国際プラザレストラン」の写真を見ても分かる通り、豪

華さが伝わる店だが、これが昭和時代に広島に誕生したことを見ても、いかに広島に活気があったかが分かる。

これからも…

「まだまだチャレンジしていきますよ」と今井さんはお得意のニッコリ笑顔でインタビューを締めくくった。「広島の BigBoss」はいまだ健在である。

広島国際プラザ　レストラン内

東洋観光沿革

昭和24年3月	創業。㈲広島別荘でスタート
昭和29年7月	東洋観光株式会社を設立
12月	洋画封切館名画座劇場「東劇」を開設
昭和41年11月	当時日本でも1〜2カ所しかない展望回転式レストランを持つ広島国際ホテルを開業。その後ホテル事業にも辣腕（らつわん）を振るう
昭和46年11月	広島中区中町に広島国際プラザを建設。東京赤坂に当時隆盛を誇ったキャバレー『ニューラテンクォーター』に負けないショーとレストランの広島国際ホテル別館をオープンした

東洋観光グループHD

東洋観光グループHD　グループ会社
東洋観光グループHDは創造性豊かな企業集合体で構成されています。

今井観光株式会社／株式会社徳川／西日本リネンサプライ株式会社／日本基準寝具株式会社
広島セレモニー株式会社／株式会社キャッツハンズ／トーカン協同組合／有限会社アイロジクス

ひろしま散歩
HIROSHIMA SANPO 広島県
2023

廿日市市宮島町の嚴島神社。社殿を中心とする嚴島神社と、前面の海、及び背後の弥山原始林（天然記念物）を含む森林区域が世界文化遺産に登録されている。大鳥居は 2022 年 12 月に大規模修復工事を終えた

海上に

Itsukushima Shrine in Miyajima Town

宮島の嚴島神社

宮島口旅客ターミナルからフェリーで約10分で到着する廿日市市宮島町。桟橋から約15分歩くと世界文化遺産の嚴島神社がある。海上に建つ荘厳華麗な社殿は世界的にも珍しく、多くの人を魅了している。

宮島には江戸初期から昭和初期の建物が現存しており、風情のある町並みが広がる。商店街では名物のカキやアナゴの飲食店や、宮島発祥のしゃくしの販売店もあり、一日中楽しめる。

廿日市市

1

写真提供／嚴島神社（P70～71_上、P70_1） 宮島水族館（P71_2） 広島県（P71_3、4）

原爆ドーム、嚴島神社の二つの世界遺産があり、国内外から多くの観光客が訪れる広島県。南は瀬戸内海に面し、北西部には中国山地が広がり、島めぐりからスキーまで幅広いレジャーが楽しめることも広島観光の特徴。ぶらりと訪れたいスポットの一部を紹介する。

建つ珍しい社殿

1.嚴島神社で行われる舞楽「蘭陵王」 2.宮島水族館（みやじマリン）のはつこい庵 3.大聖院の編照窟。八十八体の本尊が並ぶ 4.弥山展望台。晴れた日には四国が見える

穏やかな島々を楽しむ

瀬戸内アイランドホッピング

呉市
竹原市
尾道市
福山市

瀬戸内海に浮かぶ島には、穏やかな島ならではの空気が流れる。

呉市の「安芸灘とびしま海道」と、尾道市の「瀬戸内しまなみ海道」は、自動車や自転車で次々と島を渡ることができる。

とびしま海道は、呉市の下蒲刈島から、上蒲刈島、豊島、大崎下島、愛媛県今治市の岡村島までのルート。七つの橋でつながっている。

江戸〜明治時代、下蒲刈島には朝鮮通信使、大崎下島には北前船が立ち寄っており、その頃の面影や建造物が残る。ミカンやレモンなどの柑橘類、塩やヒジキなどが特産品。

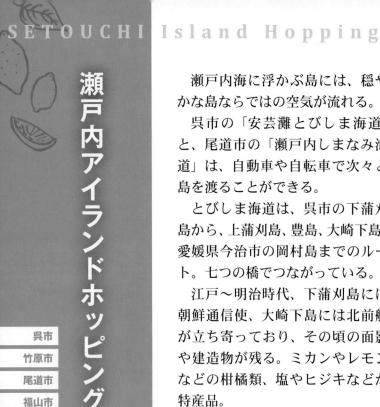

1.呉市大崎下島の御手洗地区のまち並み。江戸時代の伝統的な建物や明治から昭和初期の洋風建築が現存する　2.呉市豊町の歴史の見える丘公園からの眺め

フェリーで渡る竹原市大久野島

ウサギが自由に過ごす島

竹原市の忠海港から船で約15分の大久野島。かつて毒ガス工場があったことから「地図から消された島」と呼ばれていた。現在は国立公園に指定。島内に住んでいるウサギとの触れ合いを目的に、多くの観光客が訪れている。

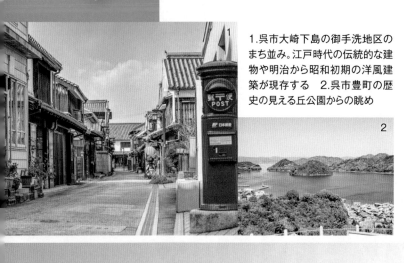

呉市下蒲刈島の三之瀬地区。朝鮮通信使や参勤交代の寄港地として栄えた

しまなみ海道

3

4

5

しまなみ海道は、尾道市の向島、因島、生口島、愛媛県今治市の大三島、伯方島、大島を結ぶ自動車専用道路。橋は、徒歩や自転車でも渡ることができ、日本で初めて海峡を横断できるサイクリングロードとして有名。サイクリングの国際大会も開催されるなど、「サイクリストの聖地」と呼ばれている。

サイクリングロードは、全長約70km。島をつなげる九つの橋も見どころ。斜張橋、つり橋、アーチ橋など、それぞれ形や大きさが異なる。

3.日本遺産である尾道のまち並みを眼下に望む千光寺山ロープウェイ　4.尾道市因島の因島水軍城。日本でも珍しい城型の水軍資料館　5.尾道市瀬戸田町の耕三寺博物館内にある白い大理石の庭園「未来心の丘」

福山城と鞆の浦

6

8

瀬戸内のほぼ中央に位置する福山市。市の中心部には、2022年に築城400年を迎えた福山城、市南端には江戸時代に潮待ちの港として栄えた鞆の浦があり、歴史散歩にぴったり。

鞆の浦から望む瀬戸内海には仙酔島や弁天島が浮かび、瀬戸内の穏やかな風景が見られる。

また、福山市は「100万本のばらのまち」として知られ、5月には美しいばらがまちに咲き誇る。

全国唯一の天守北側鉄板張りを復元した福山城

6.福山市鞆町の鞆の浦のまち並み。歴史上の人物も多く立ち寄ったまち　7.鞆町の常夜燈。港に現存する江戸時代の常夜燈としては日本最大級の大きさ　8.鞆町の福禅寺対潮楼からの眺め。1711年、朝鮮通信使がここからの眺めを「日東第一形勝」と称賛

写真提供／呉市(P72_1、2、下)　竹原市(P72_A)　尾道市(P72〜73_上)　尾道観光協会(P73_3〜5)　福山市(P73_6〜8、右下)

歴史や文化を体感

広島市
呉市
竹原市
三次市
福山市
尾道市
東広島市
安芸高田市
府中町
熊野町

東広島市安芸津町三津の榊山神社に立つ「吟醸酒の父」と呼ばれる三浦仙三郎の銅像。町内に2社の酒造会社がある

酒蔵のある町並み

米どころで水の豊かな広島県では酒造りが盛んで、県内には40以上の酒造会社がある。酒蔵巡りを旅の目的にして、その街を楽しむのもいい。

東広島市の西条は、兵庫県の灘、京都府の伏見に並ぶ「日本の酒どころ」の一つ。酒造会社7社が軒を連ねる「西条酒蔵通り」には、赤レンガの煙突が立ち並ぶ、全国でも珍しい風景が見られる。

竹原市の竹鶴酒造は、江戸時代の建物が残る「たけはら町並み保存地区」にある。歴史ある建物に思いをはせながら飲む日本酒は格別。

アートや歴史を〝体感〟したい時はミュージアムへ。郷土に根付くテーマから世界的な画家の作品まで、さまざまな美術館や博物館が各市町にある。

1. 尾道市の平山郁夫美術館。日本庭園に囲まれている　2. 三次市の湯本豪一記念日本妖怪博物館では妖怪について楽しく学べる　3. 呉市の大和ミュージアム（呉市海事歴史科学館）にある10分の1サイズの戦艦大和　4. 三次市の奥田元宋・小由女美術館。「日本で一番、月が美しく見える美術館」として知られる

身近なミュージアム

5. 広島市中区のひろしま美術館。印象派を中心としたフランス近代絵画などを所蔵　6. 安芸高田市の神楽門前湯治村で鑑賞できる神楽

東広島市の西条酒蔵通りにある酒蔵の建物

たけはら町並み保存地区

Ⅲ

A.【広島東洋カープ】広島市民球場(MAZDA Zoom-Zoomスタジアム広島)

広島拠点のスポーツチーム多数

広島県には、全国のトップリーグで活躍するスポーツチームが多数ある。拠点にするスタジアムや体育館もあり、試合の日には多くの人が熱く応援する。

【広島県のチーム】(NPO法人トップス広島※に加盟)
・サンフレッチェ広島(サッカー)
・JTサンダーズ広島(バレーボール)
・ワクナガレオリック(男子ハンドボール)
・イズミメイプルレッズ(女子ハンドボール)
・広島ガスバドミントン部(バドミントン)
・NTT西日本ソフトテニス部(ソフトテニス)
・中国電力陸上競技部(陸上)
・コカ・コーラレッドスパークス ホッケー部(ホッケー)
・広島東洋カープ(野球)
・広島ドラゴンフライズ(バスケットボール)
・ヴィクトワール広島(自転車ロードレース)

※スポーツを通した社会貢献を目的に、広島県のトップクラスのスポーツ団体で結成されたNPO法人

B.【サンフレッチェ広島】
広島広域公園(エディオンスタジアム広島)

C.【JTサンダーズ広島】
猫田記念体育館

広島の〝ものづくり〟を体験

2

1. デニム生産量日本一の福山市で行われているデニム工場見学 2. 安芸郡府中町のマツダミュージアム。ヒストリックカーなどを展示。車両組み立ての見学などができる 3. 安芸郡熊野町の筆の里工房。伝統工芸士による筆作りが見られる

3

豊かな自然

三次市
庄原市
安芸太田町
北広島町
世羅町
神石高原町

県北部では、四季折々の自然の中でさまざまなアクティビティーが楽しめる。

雄大な渓谷もただ眺めるだけでなく、三段峡や帝釈峡では船やカヤックなどで、水上から間近で鑑賞することができる。

観光農園が複数あり、春から秋にかけて季節ごとの花が咲き、果物が実り、多くの人が散策したり収穫体験したりする。冬にはスキー場がオープン。スキー場の周辺には温泉や入浴施設もあり、体を温めて帰る人も多い。

1. 山県郡安芸太田町の三段峡。西日本有数の「峡谷凝縮美」が楽しめる　2. 庄原市東城町と神石郡神石高原町にまたがる帝釈峡。国内有数の渓谷で、春は新緑、秋は紅葉が楽しめる　3. 世羅郡世羅町の世羅高原農場。季節ごとに花が咲き誇る　4. 三次市上田町の平田観光農園の「ちょうど狩り」。さまざまな果物の収穫体験ができる　5. 広島県内のスキー場。庄原市、廿日市市、安芸太田町、北広島町などに複数あり、12月〜3月ごろまでオープン

四季折々の自然を満喫

平和を訴え続ける建物

　世界文化遺産の原爆ドームは、広島市中区の平和記念公園内にある。園内には広島平和記念資料館、慰霊碑・記念碑、被爆したアオギリなどがあり、年間を通して国内外から多くの人が訪れ、世界平和を祈る。

　この他にも被爆の実相を伝える建物が広島市には点在し、巡る人も多い。

1. 広島市中区の原爆ドーム。そばで路面電車が走る　2. 広島市南区の被爆建物・旧広島陸軍被服支廠。被爆時には、被爆者救護のための臨時救護所となった　3. 広島市中区の広島平和記念資料館。被爆者の遺品や被爆の惨状を示す写真や資料を収集・展示している

2

3

今も使われている被爆建物

徒歩で巡れる

　爆心地から半径 5 km以内で被爆し現存するもので、広島市が登録している建物のことを「被爆建物」と呼び、2023 年3月1日現在、原爆ドームをはじめ86件が残る。中には現在も身近に活用されている建物もある。

4. 広島市中区の広島アンデルセン。1925年銀行として建てられた建物を生かし、1967年にベーカリーとしてオープン。2020年被爆壁の一部を残して全面改修し、現在も営業中　5. 中区の本川小学校平和資料館。原爆の被害を受けた校舎の一部がそのまま保存されている　6. 中区の旧日本銀行広島支店。建物公開を兼ね、文化活動の場として使われている

5

6

4

写真提供／広島県（P76_1、3、5、P77_1、2、6）　庄原市（P76_2）　平田観光農園（P76_4）　広島平和記念資料館（P77_3）　アンデルセングループ（P77_4）　広島市（P77_5）

ひろしままちめぐり

広島県は14の市と9の町で構成されている。各市町の見どころを紹介。

東向き	瀬戸内観光型高速クルーザー	
西向き	「SEA SPICA（シー スピカ）」	
	観光列車「etSETOra（エトセトラ）」	

6 福山市 （ふくやまし）

ばらのまち福山。「ばら公園」には280種5500本のばらが咲き、5月中旬には市最大のイベント「福山ばら祭」が開催される。潮待ちの港「鞆の浦」では4月下旬から5月上旬に「観光鯛網」が行われる。

鞆の浦観光鯛網

1 広島市 （ひろしまし）

広島県の県庁所在地。市内には6本の川が流れ、船、水上タクシー、SUPなどで「原爆ドーム」や広島の街並みを見ることができる。「平和記念公園」には多くの人が訪れている。「おりづるタワー」「広島城」から街を一望できる。

おりづるタワーの屋上展望台

7 府中市 （ふちゅうし）

収納家具の産地で、「府中家具」が有名。市内に工場見学や木工体験ができる施設がある。「石州街道出口通り」や、「上下白壁の町並み」には、江戸時代の面影を残す建物が連なる。「三郎の滝」は天然のすべり台として人気。

三郎の滝

2 呉市 （くれし）

10分の1戦艦「大和」を展示する「大和ミュージアム」、潜水艦が間近で見られる「アレイからすこじま」などが市の中心部にある。市南部には島々があり、音戸町や倉橋町、7つの島を結ぶ「安芸灘とびしま海道」はドライブに最適。

アレイからすこじま

8 三次市 （みよしし）

市街地中央部で、江の川、馬洗川、西城川の三つの河川が巴状に合流する、豊かな水に恵まれたまち。6〜9月に行われる伝統漁法「三次の鵜飼」、秋から早春にかけて晴れた日の朝に発生する「霧の海」は一見の価値あり。

©一般社団法人三次観光推進機構
三次の鵜飼

3 竹原市 （たけはらし）

『安芸の小京都』と呼ばれる竹原市のシンボルが「たけはら町並み保存地区」。江戸時代の建物が残り、散策や竹細工体験が楽しめる。大久野島にはたくさんのウサギが生息しており、宿泊施設や毒ガス資料館などがある。

竹細工体験

9 庄原市 （しょうばらし）

「自然との調和」をテーマにした暮らしによって育まれた里山が広がり、風景を見たり、宿泊やアクティビティを楽しんだりする人が増えている。里山・庄原で旅の"新しい楽しみ方"を探してみてはいかが。

比和町三河内の棚田

4 三原市 （みはらし）

「筆影山・竜王山」の頂上から見る多島美は、瀬戸内海随一と評される。「タコ料理」や「広島みはらプリン」など食の魅力が多い。「三原やっさ祭り」や、日本一の大ダルマを掲げる「三原神明市」など祭りも盛んに行われる。

竜王山からの眺望

10 大竹市 （おおたけし）

県内で一番面積の小さい市。全国や世界レベルの製造会社が多数立地し、工場夜景も名所の一つ。三倉岳では登山やロッククライミング、キャンプが楽しめる。でこぼこした岩盤が広がる「蛇喰磐」は川遊びにぴったり。

大竹市の工場夜景

5 尾道市 （おのみちし）

『海の川』である「尾道水道」がまちの中を通る。水道沿いの急な斜面地には多くの寺社や庭園、住宅があり、縦横にめぐる細い路地でつながっている。千光寺・千光寺公園からの眺望は、尾道を代表する景観。

尾道水道沿いに広がる尾道市の街並み

11 東広島市 （ひがしひろしまし）

市内に計10社の酒造会社があり、そのうち7社が軒を並べる西条は灘、伏見と並ぶ「日本の酒どころ」と呼ばれている。3つの国史跡（安芸国分寺跡、鏡山城跡、三ツ城古墳）や、ハート型に見える小芝島も人気のスポット。

干潮時にハート型に見える小芝島

観光型の列車や船での旅は一味違う。瀬戸内観光型高速クルーザー「SEA SPICA（シー スピカ）」（写真左）。「うさぎ島」として有名な竹原市の大久野島や、呉市の海峡・音戸の瀬戸などを巡る。広島駅と尾道駅を呉線経由で結ぶ観光列車「etSETOra（エトセトラ）」（写真右下）。オリジナルのスイーツ（要事前予約）やお酒の提供がある。

ひろしま散歩
2023
HIROSHIMA SANPO

写真提供／JR西日本

特別な乗り物で行く 観光列車・船で一味違う旅を

けん玉

12 廿日市市 （はつかいちし）

木材の伝統工芸が盛んで、「けん玉」発祥の地。瀬戸内海側には厳島神社を擁する宮島がある。「宮島伝統産業会館」では、しゃくし作りや宮島彫りが体験できる。山側にはスキー、アーチェリーなどが楽しめるスポットが充実。

安芸高田神楽

13 安芸高田市 （あきたかたし）

「安芸高田神楽」が観光客に人気。華麗で勇壮な舞として、全国から注目を集めている。戦国武将・毛利元就の居城であった国史跡「郡山城跡」やサンフレッチェ広島の練習拠点安芸高田市サッカー公園がある。

天狗岩からの景観

14 江田島市 （えたじまし）

広島湾に浮かぶ大小合わせて10の島で構成。「海上自衛隊第1術科学校（旧海軍兵学校）」「旧陸軍砲台跡」など、歴史的な建造物が数多くある。サイクリング、山登り、SUPなどアウトドアも盛んに行われている。

草摺の滝

15 府中町 （ふちゅうちょう）

周りを広島市に囲まれた安芸郡の飛び地。憩いの場「水分峡森林公園」には「草摺の滝」があり、散策、川遊び、キャンプが楽しめ、展望台からは広島湾までを一望できる。中四国最大級のショッピングモールもある。

旧千葉家住宅

16 海田町 （かいたちょう）

かつて西国街道（旧山陽道）の宿場町として栄えた。貝塚や古墳、江戸時代中期の建築物「旧千葉家住宅」、参勤交代の宿「御茶屋跡」、多数の寺社などを巡る歴史散歩がおすすめ。夏には町花のひまわりが町のあちこちで咲く。

熊野筆

17 熊野町 （くまのちょう）

町内で作られる筆は「熊野筆」として世界的に有名で、毛筆、画筆、化粧筆のいずれも生産量は日本一。事業所の一部では、見学や筆作り体験ができる。筆をテーマにした博物館「筆の里工房」を中心に、石碑や神社巡りもできる。

マスコットキャラクターの坂 うめじろう

18 坂町 （さかちょう）

広島市と呉市に隣接する自然豊かな町で、海や山が身近にあり、「遊歩道」ではウオーキング、「ベイサイドビーチ坂」では、海水浴を楽しむことができる。ベイサイドビーチ坂には令和5年4月1日、物販施設と飲食施設がオープン。

温井ダム

19 安芸太田町 （あきおおたちょう）

県北西部に位置し、地域の大部分が森林。県内最高峰の標高1346mの恐羅漢山では登山やキャンプ、スキー、「三段峡」では人力渡船が楽しめる。アーチ式ダムでは日本で2番目の高さの「温井ダム」の放流（4〜6月）は大迫力。

壬生の花田植

20 北広島町 （きたひろしまちょう）

田楽、はやし田、神楽など、農業に関連する行事が多くあり、6月に行われる「壬生の花田植」はユネスコ無形文化遺産に認定されている。西日本で最大規模の湿原群「八幡湿原」では貴重な動植物に出合える。

大崎上島町を代表する果物・レモン

21 大崎上島町 （おおさきかみじまちょう）

フェリーで行く県内唯一の離島自治体。温暖な気候のもと柑橘栽培が盛ん。ブルーベリー狩り、シーカヤック、釣り、海水浴、サイクリングなどのアクティビティが豊富。神峰山の展望台からは瀬戸内の美しい島景色が望める。

せらワイン

22 世羅町 （せらちょう）

農畜産業にぴったりの気候・環境で、野菜や果物の直売所のほか、世羅町産のブドウを使ったワインの醸造所、広々とした敷地に四季折々の花が咲き誇る農場など、農業を生かした観光スポットが多い。

帝釈峡にある雄橋

23 神石高原町 （じんせきこうげんちょう）

標高500〜700mの高原リゾート地。神石高原町と庄原市にまたがる日本百景・国定公園「帝釈峡」では遊覧船に乗って景色を楽しむことができる。米見山の山頂には、紙ヒコーキを飛ばすために造られたタワーがある。

写真提供／各市町、または観光協会

はっこい庵

Hatsu koi an

日本を代表する名勝地・宮島にある水族館の
"いやし"をもたらす美の鑑賞空間

みやじマリン
宮島水族館

思わず いいね！

営業時間 9:00〜17:00 ※最終入館時間は16:00

〒739-0534 広島県廿日市市宮島町 10-3
☎ 0829-44-2010 宮島水族館

入館料	一般（高校生含）	小・中学生	幼児	4歳未満
個人	1,420円	710円	400円	
団体	1,140円	570円	320円	無料
年間パスポート	3,560円	1,730円	1,010円	

1年に3回以上のご利用でおトク！

※団体は20名様以上です。
※幼児は4歳以上の就学前のお子さまです。
※修学旅行、遠足などの学校利用料金はホームページでお確かめください。
※この他の料金制度については、ホームページをご覧いただくか、直接宮島水族館へお問い合わせください。

宮島水族館

厳島神社出口から
徒歩約5分

イベント情報をSNSでもチェック！

■動物取扱業登録番号：第215001号 ■氏名：廿日市市長 松本 太郎 ■事業所の名称：宮島水族館 ■事業所の所在地：廿日市市宮島町10-3 ■動物取扱業の種別：展示 ■登録年月日：平成23年5月18日 ■登録有効期間の末日：令和8年5月31日 ■動物取扱責任者の氏名：赤木 太

三次市

Miyoshi City

江戸時代の三次を舞台にした妖怪物語《稲生物怪録》7月1日の場面。屋敷に現れた大きな怪物に掴まれる平太郎のシーン

「(仮称)稲生物怪録絵巻」(部分)江戸時代／湯本豪一記念日本妖怪博物館(三次もののけミュージアム)蔵

現存の場所や実在の人物が登場する
江戸時代以降、今も人気の妖怪物語の舞台。

三次市は、市内中心部で西城川、馬洗川、江の川の3つの川が合流する全国でも珍しい地形。朝夕の寒暖差が激しい日には、川によって山から運ばれる冷気が霧を発生させ、ほかでは見られないスケールの幻想的な「霧の海」が現れる。

そのような風土もあってか、江戸時代の三次を舞台とした妖怪物語《稲生物怪録》が残されている。稲生平太郎をおどかしにやってきた魔王(もののけ)たちとの不思議な体験をつづった物語。独特なもののけはもちろん、現在も存在する場所や、主人公の稲生平太郎や当時の三次に実在した人物が登場するところにも魅力があり、江戸時代以降、現代に至るまで、絵本、絵巻、漫画などの題材にもなり、時代を超えて広く影響を与え続けている。

物語ゆかりの場所が点在する三次町に、日本初のもののけ(妖怪)博物館「湯本豪一記念日本妖怪博物館(三次もののけミュージアム)」がある。《稲生物怪録》の本や絵巻をはじめ、妖怪に関する近世から現代までの錦絵や玩具などを展示しており、妖怪好きの人にはたまらない、ユニークな歴史巡りをしたい人にはぴったりの観光地だ。

三次市を
もっと詳しく知る!

三次観光推進機構
公式ウェブサイト

©Miyoshi Tourism Authority

《稲生物怪録》ゆかりの石
たたり石(神籠石)

物語で主人公の平太郎が肝試しをする「比熊山」の山頂近くにある石。一説では古代の祭祀に用いられた神石だと考えられているが、現在は触れると不幸なことが起こる「たたり石」とも呼ばれている。

©Miyoshi Tourism Authority

《稲生物怪録》ゆかりの神社
太歳神社

物語の舞台・三次町の北にある神社。平太郎が「比熊山」に登るときに、この神社から登っていったとする作品もある。

秋から早春までの絶景
霧の海

秋から早春にかけて、晴れた日の朝は深い霧に包まれる。高い山に登ると眼下に霧が広がり、山々が島のように見える。

三次の夏の夜を彩る風物詩
鵜飼

鵜を使ってアユなどを獲る伝統的な漁法。毎年6月〜9月上旬、馬洗川と西城川が合流する巴橋付近で行われる。広島県無形民俗文化財。

topics

レトロでおいしい

もののけ・まち歩き

三次もののけミュージアムの周辺には、レトロな町並みやおいしいものがあり、散策にぴったり。

日本初、妖怪に特化した博物館
湯本豪一記念 **日本妖怪博物館**
（三次もののけミュージアム）

三次を舞台にした妖怪物語《稲生物怪録》に関する資料や、妖怪研究家の湯本豪一さんから寄贈された約5,000点の妖怪コレクションから厳選して展示。インタラクティブな作品を体験しながら妖怪について学べる「チームラボ 妖怪遊園地」も常設。収蔵資料は、海外の妖怪展などにも出展され日本の妖怪文化を伝えている。

建築家・谷尻誠さんプロデュース
もちのえき

三次もののけミュージアムと石畳通りを結ぶ、通り抜け機能や出店スペースのある施設。三次市産の醤油と酒かすを使ったみたらしだんご「みよしもち」をはじめ、広島県産のお茶やおはぎなどを提供。

卯建（うだつ）のにあう町
石畳通り

卯建のあがる商家が並ぶ、石畳が敷かれた美しくレトロな町並み。三次もののけミュージアムからも近く、カフェや雑貨店、スーパーや寺など、景色を楽しみながらの散策がおすすめ。

©Miyoshi Tourism Authority

gourmet

三次のおいしいものが集う **トレッタみよし**

地元産の旬の野菜・果物・花はもちろん、それを原料とした加工品やパンなどを販売。バイキング・レストランもある。

熟成チーズ **フロマージュ・ド・みらさか**

自然放牧スタイルで育てられたブラウンスイス牛の生乳を使用し、フランスの伝統製法で製造された白カビタイプの熟成チーズ。ワインとの相性は抜群。

100%三次産のブドウを使用
TOMOÉワイン

三次の土壌、気候、地形などの地理的条件を背景に育った良質なブドウを原料にした、100%三次産のワインシリーズ。品種それぞれの個性が生かされたワインは、海外も含めワインコンクールで数々の賞を受賞。

Welcome to Miyoshi City

日本全国、さまざまな妖怪・もののけが居ますが、三次の〝もののけ〟は特別。江戸時代、三次に実在した武士の少年時代の実体験がまるで漫画のような読み物になった《稲生物怪録》は、〝妖怪・もののけ界〟のレジェンドとして、当時から現在に至るまで、たくさんの学者・作家に影響を与え続けています。

三次市
福岡 誠志 市長

この《稲生物怪録》が誕生したまち三次にある、日本初の妖怪専門の博物館で日本最大の妖怪コレクションに触れ、おどろおどろしくも、どこかユーモラスな〝もののけ〟たちの世界をご堪能ください。

中国山地の山々に囲まれ、深い霧に包まれる、3本の川が合流するまち「三次」で、皆さまをお待ちしています。

東広島市

Higashihiroshima City

冬季に湯気が上がる西条酒蔵通り

日本酒めぐりや歴史散歩、自然遊び。
東広島ならではの料理やスイーツに舌鼓。

東広島市は県のほぼ中央に位置。広島空港が近く、高速道路や無料の自動車専用道路が整備されているため、周辺市町からアクセスしやすい。

日本酒好きの人はぜひ訪れたいまち。西条には酒造会社7社が並ぶ「西条酒蔵通り」があり、試飲や散策が楽しめる。黒瀬には1社、安芸津には2社あり、限定酒に出合えるかも。安芸津は広島杜氏のふるさととして知られており、吟醸酒の父・三浦仙三郎の資料館や像もある。

歴史好きの人にもおすすめ。国史跡の「三ツ城古墳」「安芸国分寺跡」「鏡山城跡」が西条にあり、それぞれ自然豊かな公園が併設されている。

道の駅が市内に2カ所ある。福富ダムほとりの「道の駅湖畔の里福富」と、国道2号沿いの「道の駅西条のん太の酒蔵」。いずれも特産品の販売のほか、大型遊具も設置されているため、幅広い世代の人に人気の場所。

市の特産品を使った商品開発が盛ん。米粉を使った「コメカラ」や日本酒のスイーツなど、グルメの旅もいい。安芸津には、ハート形に見える小芝島（干潮時に大芝島のビュースポットから見られる）がある。

東広島市を
もっと詳しく知る！　　東広島市観光協会ホームページ

ガイドによる案内も
西条酒蔵通り

ＪＲ西条駅を降りてすぐ。酒造会社7社が軒を並べる風情ある通り。ボランティアガイドによる案内もある。

県内最大級の前方後円墳
【国史跡】三ツ城古墳

3基の古墳からなる。鍵穴の形をした第1号古墳は県内で最大級の前方後円墳。近隣公園には解説パネルの展示室がある（展示室は、土日祝のみ開館）。

歴史に思いはせ散歩
【国史跡】安芸国分寺跡

奈良時代、聖武天皇の命で全国に建立された国分寺のうちの1カ所。周辺は歴史公園として整備されている。

全国の銘石がずらり
仙石庭園

全国の銘石・奇石・組石を回廊しつつ鑑賞できる大規模な石庭。令和2年12月に博物館登録されている。

gourmet

ご当地グルメ コメカラ

鶏肉や魚などの食材を東広島産の日本酒に漬け込み、米粉をまぶして油であげた唐揚げ。市の特産品である日本酒と米を生かしたご当地グルメで、市内の飲食店などで販売。

臭みがなくやわらかい
ジビエ「栄肉」

東広島ジビエセンターが捕獲・処理したシカやイノシシがブランドジビエ「栄肉」。冷凍の生肉や加工肉が道の駅などで販売されている。臭みがなくおいしいと評判。

ど真ん中に卵の黄身
へそ丼

県のど真ん中に位置することから「へそのまち」として地域おこしに取り組む豊栄町で誕生したご当地丼。真ん中にのせた卵の黄身をへそに見立てた丼。市内の飲食店で提供されている。

乾杯！からスイーツまで
酒どころグルメ

飲み比べて楽しい 日本酒

兵庫県の灘、京都府の伏見に並ぶ「日本の酒どころ」の一つ西条。現在、市内に酒造会社は10社。それぞれの酒蔵で直売しているほか、道の駅、産直市、スーパーなどでも買うことができる。

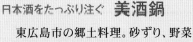
日本酒をたっぷり注ぐ 美酒鍋

東広島市の郷土料理。砂ずり、野菜などの食材を、塩・こしょうと日本酒だけで味付けした鍋。加熱でアルコール分は抜ける。JR西条駅周辺の飲食店でも提供している。

日本酒の豊かな香り広がる
酒スイーツ

市内の複数の飲食店やケーキ屋などで、日本酒や酒かすを使ったスイーツを販売。酒の香りが広がるチョコレートやキャラメル、かりんとうなど。お土産としても人気。

topics

食文化を盛り上げるブランド
「東広島マイスター」

海の幸、山の幸がおいしく大変身！

農業、水産業が盛んな東広島市のブランド認証制度「東広島マイスター」。市の特産品を活用して食文化を盛り上げることが目的。生産者の顔が見える工夫をしているなどの条件に合った産品、加工品、生産者を認証。情報は市の特設サイト「東広島マイスター」で発信している。

Welcome to Higashihiroshima City

10もの酒蔵を有する東広島市。うち7つの酒蔵が集積する西条酒蔵通りをはじめ、先人が築いてきた日本酒の技術、国の唯一の酒の研究機関である酒類総合研究所も立地するなど、まさに「日本酒の聖地」です。

また、古くから繁栄した都市でもあり、県内最大級の前方後円墳「三ツ城古墳」や古代の安芸国の中心の一つであったことを示す「安芸国分寺」、江戸時代では、西国街道の要衝でもあり、大名が宿泊する本陣が置かれました。

海、山、田園地帯など豊かな自然が育む「食」とともに、旨い日本酒と情緒ある歴史・文化を感じてみませんか。

東広島市
髙垣 廣德 市長

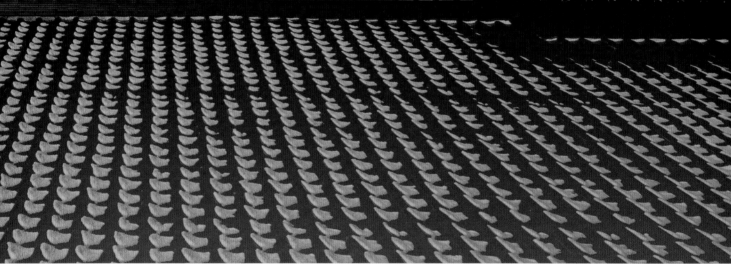

創業150周年

KAMOTSURU
メメ
酒の中に心あり

賀茂鶴の酒は創醸以来「アマ・カラ・ピン・ウマ」の四拍子揃った味を心掛けています。歴代の杜氏が醸し続けてきた味を守ることは、ただ同じ味を造り続けることではありません。

受け継がれてきた酒造りの技を今に伝えさらに磨きあげるとともに、いつの時代も、その味を愛してくださるお客様の心に寄り添った酒を目指しています。

KAMOTSURU BREWERY SHOP
賀茂鶴 見学室直売所

Premium Bar・Shopping・Displays

平日 9:00 ～ 18:00/ 土日祝 10:00 ～ 18:00（入場 17:45 まで）

【ご予約・お問合せ先】

Email:yoyaku@kamotsuru.co.jp　TEL：082-422-2122　平日のみ 9:00 ～ 17:00

https://www.kamotsuru.jp

かもつる｜　検索

清酒醸造に適した風土　酒の都・西条

広島県央、標高 200m の高原盆地に位置する東広島市西条は、古くから酒造りに最良な水、米、気候、造り手のすべてが揃う、清酒醸造の理想郷です。仕込み時季の厳しい冷え込み、朝の澄み切った大気が、この土地に根付いた「旨口」の酒を造り出します。

はじまりは江戸時代
三百年続く老舗蔵元

白牡丹のルーツは戦国武将・石田三成の軍師として仕えた島左近までさかのぼり、その次男・彦太郎忠正の孫・島六郎兵衛晴正が延宝３年（1675 年）に酒造業を創業したのがはじまりです。以来、家業として清酒醸造を続け、今では、広島県で三百年以上もの歴史を持つ老舗蔵元となっています。また、「白牡丹」の銘は、京都の公家・五摂家の一つ鷹司家の当主がその品質を高く賞し、家紋である「牡丹」にちなんで天保 10 年（1839 年）に拝授したものです。

今も昔も変わらず　広島の日常酒

白牡丹は、広島県内の地酒の中でもほんのりとした甘さと、とろりとした濃い口の酒として知られていますが、実際その味わいは、クセがなく、香り高い風味、後切れの良い「旨口」です。燗酒でも冷やでも、オンザロックでも美味しく、バランスが取れた「旨口」の酒は、今も昔も毎日飲める日常酒として多くの広島県民に親しまれています。

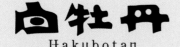

醸造元　白牡丹酒造株式会社　広島県東広島市西条本町 15 番 5 号
TEL(082)423-2202　　FAX(082)422-8077
https://www.hakubotan.co.jp

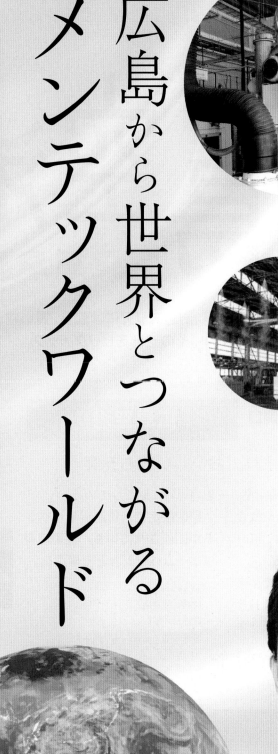

広島から世界とつながる メンテックワールド

自動車工場の生産設備、環境保全を含むトータルメンテナンスと技術や経験を基に環境事業にも力を入れ、ダクト製造業を拡大、スパイラル鋼管などの生産から施工までを一貫体制で行う。

IT・ロボット事業部、エデュケーション事業部を新設し、女性が活躍できる社会づくりを応援しようと企業主導型保育園インターナショナルキッズコミュニティ（愛称 IKC）を開園いたしました。

広島から世界へ、メンテックワールドのブランドを構築し、世界から選ばれる企業を目指します。

MenTecWorld, Hiroshima to the world

Our business is based on maintenance of production facilities at automobile factories and has expanded into the total maintenance considering the environmental protection, of which experiences and technologies lead us to environmental business. In addition, we have developed the duct manufacturing and established the integrated system from production to installation of spiral duct etc.

Our new divisions are IT-Robot and Education. The latter aims at enhancing the society where women can play an active role and opened a company-led nursery school, International Kids Community (IKC).

We would like to build up our brand "MenTecWorld" and be one of the best companies in the global market.

代表取締役 小松節子

広島空港 周辺を楽しもう

三原市本郷町の広島空港。周辺エリアには飲食、買い物、体験などができる場所がたくさんあり、人気のレジャースポット。その一部をピックアップ。

広島の空の玄関口　広島空港

離着陸が見られ、おいしい物も充実

広島の空の玄関口、広島空港。施設内にはお土産販売店や飲食店があり、レジャー目的で毎月約2〜4万人が訪れている。

親子連れからシニアまで、来場者の年代は幅広い。レストランで食事をしたり、展望デッキで飛行機の離着陸を見たりして、思い思いに過ごしている。

期間限定で、物産展やイベントが開催されている。最新情報はホームページなどで確認を。

information
(物販、飲食店)
定休日／なし
営業時間／店舗により異なる

3階の展望デッキ

おもしろ自転車に乗って笑顔の子ども

おもしろ自転車が人気

緑豊かな自然公園　中央森林公園

中央森林公園は、飛行機を間近に見ることができる緑豊かな自然公園。

自然の中でバーベキューを楽しめるほか、体験型のイベントも開催される。さまざま形の「おもしろ自転車」は子どもから大人まで大人気。

information
定休日／12月29〜31日
営業時間／9時〜18時(10〜3月は17時まで)

空港から徒歩5分
広島エアポートホテル

飛行機を眺める部屋が人気

広島空港から徒歩5分の場所にある広島エアポートホテル。空港側の景観にこだわった飛行機を眺めることができる部屋が人気。

1階のレストラン「アチェロ」では、峠下牛や瀬戸内の海の幸など、地元の新鮮な食材を生かした料理を提供。

ホテルを拠点に、ゴルフや乗馬を満喫したり、周辺の店舗で買い物やグルメを楽しんだりと、過ごし方はさまざま。

information
定休日／なし

体験型の食のテーマパーク
八天堂ビレッジ

地産食材を楽しめる カフェやショップ

広島空港前の「八天堂ビレッジ」は、「体験型の食のテーマパーク」をコンセプトにしており、敷地内にはカフェや地元産品を扱うショップとプチ牧場などがある。

広島の食材を使った料理やお土産などを中心に販売。パンケーキやコーヒーなども充実。気軽に楽しめるパン作り体験や、「くりーむパン」の製造工程のVR工場見学などもできる。

カフェやショップなどが集まった八天堂ビレッジ

information
定休日／水曜日、他
営業時間／10時〜16時
（土日祝日は17時まで）

多島美、ご当地グルメなど 魅力ある体験時間を

広島空港を有する三原市では、空港周辺の日本庭園「三景園」や世界に誇る瀬戸内の多島美、また、地元食材を生かした広島みはらプリンやたこ料理などにより、魅力ある体験時間をお過ごしいただけます。皆さまのお越しを心からお待ちしています。

三原市　岡田 吉弘 市長

美しい日本庭園
三景園

四季折々の風景

広島空港からすぐの三景園は手入れの行き届いた日本庭園。アジサイやモミジなど四季折々の風景が楽しめる。

宮島をはじめとする瀬戸内海の景勝地を、日本庭園の手法で庭園化している。山、里、海のゾーンで構成される。

information
定休日／12月29〜31日
営業時間／9時〜18時（10〜3月は17時まで）

新緑の三景園

廿日市市

Hatsukaichi City

日本最大規模の木造の大仏が鎮座

極樂寺

標高663mの極楽寺山の山頂付近にある僧侶行基が開山した寺院。阿弥陀堂には、木造では日本最大規模の阿弥陀如来大仏が祭られている。

穏やかな瀬戸内海（地御前）でのカキ養殖の様子

体験型レジャーが豊富で日帰り温泉も。リゾート気分でゆっくり過ごせる。

　車で1時間圏内に海から山まで、さまざまな要素を併せ持つ廿日市市。穏やかな瀬戸内海には厳島神社を有する宮島がたたずみ、水族館や弥山登山を楽しめるほか、桜や紅葉を散歩がてら見に行くことができる。

　室町時代中期以来開かれている市（マーケット）「廿日の市」が市名の由来。廿日の市は現在でも毎月20日、廿日市市役所で開かれており、新鮮野菜や小木工品などの特産物を売る露店が軒を並べる。

　沿岸部から車で30分の中山間部には、のどかな田園風景が広がり、果物狩りなどができる

観光農園やアーチェリー場、ゴルフ場などレジャー施設もたくさん。

　清流・小瀬川沿いにある羅漢峡の紅葉も見事で、川のせせらぎを聞きながらおいしい料理を味わえるレストランやカフェが集まる注目のエリア。

　さらに30分北上すると、豪雪地帯でもある山間部があり、スキーなどのウインタースポーツも楽しめる。

　瀬戸内海を望む宮浜温泉をはじめ、内陸から西中国山地にかけても複数の温泉施設があり、リゾート気分でゆっくりと過ごせる。

四季折々に楽しめる

もみの木森林公園

サイクリングロードやキャンプ場、バーベキュー広場が完備されており、冬には芝広場でソリやスキーも楽しめる。

春に咲き誇る

吉和すい仙ロード

「すい仙の里」としても知られている吉和。春には、国道の両脇に、まるで永遠に続くかのように美しいスイセンが花を咲かせる。

海・空・湯面が一体に

宮浜温泉マルミエロテン

宮浜グランドホテル屋上露天風呂「マルミエロテン」では、海・空・湯面が一体に見えるパノラマが広がる。

mobile

廿日市市をもっと詳しく知る！

はつたび
廿日市市観光公式サイト

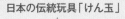

日本の伝統玩具「けん玉」

けん玉発祥の地

毎年7月に開催

けん玉ワールドカップ

けん玉発祥の地である廿日市では、毎年7月に海外からの多数の出場者でにぎわうけん玉ワールドカップが開かれている。

ご当地スイーツ

けん玉もなか

「けん玉ワールドカップ」開催を記念して作られたもなか。けん玉をデフォルメしたかわいらしい形で、県外からも予約注文があるほど人気な商品。

山頂からの絶景

弥山

フェリーに乗って **宮島へ**

宮島口旅客ターミナルからフェリーで約10分、世界遺産・宮島へ。小さな島でゆったりとしたひとときを。

宮島の最高峰である弥山は標高535mの霊峰で、1200年以上燃え続ける奇跡の炎「消えずの火」が霊火堂の中で燃え続けている。山頂からは瀬戸内海を360度見渡すことができ、多島美を楽しめる。

サクサク、もっちり **揚げもみじ**

宮島名物である「もみじ饅頭」に衣をつけて油で揚げている。店頭では揚げたてが販売されており、外はサクサク、中はもっちりとした食感。

世界遺産のシンボル

大鳥居

世界遺産のシンボルである大鳥居。老朽化に伴い、約70年ぶりとなる大規模修理を終え、2022年12月、3年半ぶりに朱色の姿を現した。

すてきなお店たくさん

宮島口旅客ターミナル

世界遺産宮島への玄関口である宮島口旅客ターミナル。ターミナル周辺には、ちょっとそぞろ歩きたくなるすてきなお店がたくさんある。

Welcome to Hatsukaichi City

地域のおいしいものが大集合のグルメスポット

まちの駅ADOA大野

市内90カ所近くある「まちの駅」の拠点として廿日市の地域産品や、県産品が大集合。地域の食材を使ったメニューを提供するフードコートのほか、コミュニティスペースなどもあり、地域をつなぐ憩いの場所となっている。

本市には、世界遺産『嚴島神社』を擁する宮島をはじめとする多くの歴史的資源と、瀬戸内海から西中国山地に至る豊かな自然があります。

コロナ禍を経た今、新しい時代の観光にふさわしい、新たな価値の創造に向け、地域が持つ自然・文化・歴史などの普遍的価値を見つめ直しています。

私たちは、それぞれの地域で大切に守り受け継がれてきた、そこにしかない本質的な価値に光を当て、広く伝えることで、観光客、地域環境、地域経済の「三方よし」の持続可能な観光地域づくりを目指します。

廿日市市
松本 太郎 市長

安芸郡 府中町
Fuchu Town

揚倉山健康運動公園からの眺め。府中町から広島市まで見渡せ、夜景が美しい

都心の便利さと自然が両立、歴史ロマンも。スマートに深く広島滞在を満喫。

　春は桜、夏は川沿いの新緑、秋は紅葉、うっすらと雪をかぶる冬景色も美しい府中町。広島市中心部に近く、町内には中四国最大級のショッピングモールやキャンプ場、公園があり、都心の便利さと自然が両立するまち。家族連れなら移動や過ごしやすさをより実感できる。

　町の中心部から車で10分行くと、渓谷をそのまま生かした「水分峡森林公園」に到着。川の中をずんずん進んでいくと探検気分が盛り上がる。公園内にあるキャンプ場などの施設は全て無料で利用でき、予約不要なので当日バーベキューも可能。

　この他にも、思い切り体を動かしたい人向けの「揚倉山健康運動公園」や、遊具が充実した「チェリーゴード空城パーク」など町内に大小50を超える公園があり、目的に合わせて選べるのも興味深い。

　「府中」という地名が表すように、安芸の国府が置かれたといわれる歴史ロマンの薫るまちでもある。徒歩圏内に歴史遺産が点在しているので、気軽に散策を楽しみたい。

　ありとあらゆる魅力がギュッと詰まった府中町。広島滞在をスマートに深く満喫したい人にお勧め。

街中で川遊び＆バーベキュー
水分峡森林公園
みくまりきょう

　渓谷を生かした公園で、遊歩道を歩いて自然を満喫、川を歩いても楽しい。展望台から広島市内を一望！

キャンプ場はバーベキュー可能

　思い立ったその日にキャンプが可能。予約・申し込み不要で、利用無料。

人工芝のグラウンド
揚倉山健康運動公園
あげくら

　多目的広場やテニスコートを備えた総合公園。人工芝のグラウンドのほか、ウオーキングやジョギングのコース、健康遊具などもあり、幅広い年代の人に利用されている。夜景の名所としても有名。

府中を等身大で体感！
府中町歴史民俗資料館

　等身大で再現した府中町の自然や、昔の暮らしを再現したジオラマ展示、下岡田官衙遺跡の復元CGなど、府中町の自然、歴史、人々の暮らしが一度に分かる。

 mobile

府中町をもっと詳しく知る！

府中町シティプロモーションサイトふちゅうstyle

弘法大師ゆかり 道隆寺

弘法大師ゆかりの薬王寺が前身。本尊である「薬師如来坐像」は広島県の重要文化財に指定され、建仁元年（1201年）の墨書を胎内に持つ寄木造の傑作である。

古代山陽道の歴史をひも解く 【国史跡】下岡田官衙遺跡

奈良時代（8世紀中頃）、古代山陽道に三十里（約16km）ごとに設置された「駅家」の一つ「安芸駅家」の可能性が高いとされる。駅家とは馬の乗り継ぎ、食事・宿泊などする施設。山陽道の歴史を語る重要な遺跡。

古事記にも登場した歴史ある 多家神社

古事記、日本書紀などにも登場する歴史ある神社。一時、所在不明となり明治7年（1874年）に現在地に再興された。この時、広島城から移築された「宝蔵」は広島県の重要文化財に指定されている。

【宝蔵】広島城の三の丸稲荷神社社殿として17世紀初期に建立されたもので、広島城の現存する唯一の建物。檜皮葺の屋根、四角形の木材を六角形に加工して積み上げた様式は要チェック。

歩けば歴史遺産に出会える 安芸の国 ふちゅう

限られた時間の中でも、歩けば数々の歴史遺産に出会える「府中」。歴史の息吹を感じる散策に出かけよう。

鎌倉時代の田所氏の館跡 国庁屋敷跡と田所文書

平安から鎌倉時代にかけて、安芸国の有力な在庁官人であった田所氏の館跡と伝えられている。田所氏の子孫に伝わる「田所文書」は広島県の重要文化財に指定されている。

topics 個性派遊具がお待ちかね チェリーゴード空城パーク

さまざまな種類の滑り台や登り棒が楽しい大型複合遊具と、小さい子ども向けの遊具のある公園。シンボル的存在のタコ型の滑り台が人気。展望台や多目的広場（予約制）もある。市街地にある公園で、アクセスが良いのが魅力。

「タコ型遊具」滑ったり登ったりくぐったり

Welcome to Fuchu Town

府中町は周囲を広島市に囲まれ、安芸郡の飛び地という全国的に見ても珍しい形態をしています。県内で最も面積（10.41平方km）の小さな自治体ですが、人口は5万人を超え、日本一人口の多い「町」です。

大手自動車メーカーの本社があり、自動車関連の会社も多く、広島県における自動車産業中心地の一つとなっています。

また、町内には大型商業施設など利便性の高い施設があるとともに、広島都市圏の拠点である広島市の中心部やその他各方面への交通アクセス環境も優れています。

商・工・住のバランスがとれた暮らしやすいまちです。

府中町
佐藤 信治 町長

安芸郡 海田町

Kaita Town

ひまわり大橋

歴史や自然、暮らしやすさ、全てがちょうどいいコンパクトシティ。

広島市中心部からアクセスがよく、JRなら広島駅から約10分。ほどよく都会で自然いっぱいのまち、海田町。

かつては西国街道の宿場町として栄え、今もその面影を残す。ところどころに歴史の趣を垣間見ることができる。西国街道・海田市ガイドツアーは、ガイドによって違う豆知識を聞くことができ、参加するたびに新しい発見があるかも。

日浦山は電車で行ける身近な登山スポットとして人気。登山道が整備されているため、登山初心者や子どもでも登りやすい。頂上からは海田のまちと広

島湾に浮かぶ島々を一望することができる。天気が良い日には、遠くの宮島まで眺めることも。

町内をゆったりと流れるのは瀬野川。河川敷には県内では珍しいスケートボード場や公園、ランニングコースが常設されていて、人々の憩いの場となっている。

海田総合公園には県内でも有数の大型遊具のほか、グラウンド、キャンプ場などがあり、休日には多くの人でにぎわっている。キャンプ場は令和4年にリニューアルしたばかり。身近に自然と親しむことができる場で、楽しいひとときを。

mobile

海田町をもっと詳しく知る！　　海田町　ホームページ

初心者も登りやすい　日浦山
（ひのうらやま）

標高345.4m。登山初心者や子どもにもおすすめ。山頂から海田のまちと広島湾を一望でき、晴天の日は宮島も見られる。登山ルートは3つで、頂上まで約1時間。広島新四国八十八カ所霊場の大師寺や輝く観音様など見どころが連続。

ボランティアによる日浦山の　登山ガイド

◎定期ガイド
毎月第2土曜日9時30分～
（約2時間半）
定員：先着20名
◎随時ガイド
希望する日時・人数（20名まで）をご相談ください
集合場所：織田幹雄スクエア
参加費：100円／1人（保険代込み）
※要予約
問い合わせ・申し込み／
海田町魅力づくり推進課
TEL.082-823-9234

郷土料理「海田さつま」の素
ごま鯛みそ

「ごま鯛みそ」は、すりつぶした焼き魚の身とゴマ、だしが入ったみそ。このみそと刻んだコンニャクとネギを混ぜ合わせてご飯にのせると、海田町の郷土料理「海田さつま」の出来上がり。

topics
スポーツのまち

有名なアスリートを輩出

海田町出身者には有名なアスリートが多い。同町の名誉町民である織田幹雄氏は日本人初のオリンピック金メダリスト。織田氏の「スポーツ振興を」という思いを地域住民が受け継ぎ、陸上大会や教室を開催するなど、スポーツが盛ん。

また、プロ野球で活躍した選手も。広島東洋カープの元選手・監督だった三村敏之氏、同元選手・コーチの大下剛史氏は、海田町の町民栄誉賞を受賞している。

海田町出身の主な選手

●織田 幹雄（陸上選手）

●三村 敏之（広島東洋カープ元選手・監督）

●大下 剛史（広島東洋カープ元選手・コーチ）

三段跳で日本人初オリンピック金メダリスト
織田幹雄記念館

織田幹雄氏の足跡をたどる記念館。織田氏は1928年開催のアムステルダムオリンピックの三段跳で優勝。彼が残した日記や記録、言葉から、幼少期からどのように努力や工夫をし、思考を重ねて結果を出してきたかが分かる。

幅広い年代の人たちに人気
海田総合公園

豊かな自然環境を利用し、四季を通して楽しめる公園。大型遊具や芝そり広場から、散策道、カフェ、ドッグラン、キャンプ場まであり、幅広い年代の人たちに親しまれている。テニスコートや野球場などのスポーツ施設もある。

歴史薫る町並み
西国街道

江戸時代に整備された京都と太宰府を結ぶ重要なルート「西国街道」。さまざまな時代の人々の営みをゆっくりとたどってみよう。

おもてなしの心が息づく
旧千葉家住宅

幕府役人や大名家の宿泊に使われた宿駅の要職を務めた千葉家の旧宅。主屋、角屋、座敷棟・泉庭で構成され、座敷棟は広島県指定重要文化財に指定され、安永三年（1774年）建築当初の接客空間の面影を今もとどめる。同時期に造られた泉庭は広島県名勝で、築山や滝口に古い部分が残り江戸時代と変わらぬ景観で楽しませてくれる。

歴史の豆知識はお任せ
西国街道ガイド

問い合わせ・申し込み／
海田町魅力づくり推進課
TEL.082-823-9234
FAX.082-823-9203

◎定期ガイド
◆西国街道・海田市めぐり
毎月第4土曜日13時～
（2時間半程度）
※7・8月は9時～
◆西国街道・東海田と瀬野川めぐり
毎月第3土曜日9時30分～
（2時間半程度）
集合場所：JR海田市駅北口
定員：先着20名
参加費：100円／1人
※5名以上のグループの場合、希望日程でガイド可　※要予約

Welcome to Kaita Town

海田市の繁栄を物語る
三宅家住宅

江戸時代後期の商家建築で、国登録有形文化財。主屋、衣裳蔵・新蔵・古米蔵・新米蔵・裏長屋門があり、三宅家の繁栄を物語る。建物の足元をみると街道に対して斜めに建っているのが分かる。その理由はガイドさんに聞いてみて。

海田町は古くから交通の要衝として栄えてきました。江戸時代には「西国街道」と呼ばれた山陽道の宿場町として栄え、要人の休泊などにも使われた旧千葉家住宅も見学できます。

市街化が進む中にも豊かな自然が息づき、商業施設や医療機関も多く、暮らしやすいまちです。現在は約3万人が住んでおり、人口の自然増と社会増が続いています。

また、海田町は1928年アムステルダムオリンピックで日本人初の金メダルを獲得した織田幹雄さんの出生地であり、織田幹雄記念館で輝かしい足跡を展示しております。

さまざまな魅力があふれる海田町に、ぜひ一度お越しください。

海田町
西田 祐三 町長

安芸郡 熊野町

Kumano Town

熊野町のシンボル
筆塚

使い終わった筆を供養するため、昭和40年に建てられた。秋分の日に行われる「筆まつり」では、筆塚の前で筆供養が行われる。

熊野町の風景

町全体で筆づくりの伝統と技術を継承。
書筆から化粧筆まで町内で生産。

熊野町は広島県の西部に位置し、四方を500m級の山々に囲まれた高原盆地。広島市、呉市、東広島市に隣接しているため、都心部へのアクセスもよく、また、豊かな自然にも恵まれ、高原の清涼な空気で、快適な生活を過ごすことができる。

江戸時代末期ごろから筆づくりが始まり、昭和20年代ごろからは、書筆づくりの技術を応用して画筆や化粧筆の製造がスタート。いまではこれらは書筆とともに、全国の大部分の生産量を占めている。現在でも、人口の約1割に当たる人が筆の仕事に携わっているなど、町全体で熊野筆の筆づくりの伝統と技術が継承されている。

春分の日を「筆の日」とする熊野町の条例を制定しており、筆文化の振興と筆産業の発展を図る取り組みを継続している。また、筆の日の前後1週間は「筆の日週間」として、筆を使って創作活動を楽しむイベントを開催するなどしている。

日本で唯一の筆のミュージアム「筆の里工房」をはじめ、神社仏閣、筆関連事業所を巡りながらの散策もおすすめ。のどかな田園風景と昔ながらのまち並みも楽しむことができる。

最高級ブランドの牛肉 **榊山牛**（さかきやまぎゅう）

特別な方法で32カ月以上長期肥育した広島牛の最高級ブランド。豪華寝台列車「瑞風」やミシュランガイド広島へ掲載されているレストランへも提供されている。

こだわりの純米酒 **地酒 大號令**（だいごうれい）

蒸米の放冷、こうじ造りから酒袋を使った上槽までのほとんどの工程が手作業で行われ、醸造された純米酒。熊野町の寒冷な気候にも助けられ、地酒らしいこだわりの味。柔らかな甘さと含み香が口中に広がり、爽やかな飲み口。

mobile

熊野町をもっと詳しく知る!　　熊野町　ホームページ

秋分の日に開催される「筆まつり」の大作席書

伝統的工芸品・熊野筆の産地 筆のまち

熊野町内の事業所で生産されている「熊野筆」。筆をテーマにしたミュージアムやまつりもある、まさに筆のまち。

熊野筆は昭和50年に国の伝統的工芸品に指定され、その技術を生かした画筆や化粧筆など多様な筆が町内で生産されている。

近年では、特に化粧筆の品質の高さが国内外で評価され、世界が認めた「メイド イン クマノ」としても話題となった。優しい肌触りときめ細やかさは、世界中のメイクアップアーティストから支持されている。

全国一の筆の生産を支えているのは、伝統的な工芸品「熊野筆」の手づくりの技。その技術を応用し、毛先の特性を生かしながら、一本一本丹念に作り上げている。

9月の秋分の日にはまちを上げての「筆まつり」が開かれる。大きな布に書道家が一気に作品を書き上げる「大作席書」など、さまざまなイベントが行われ、まちがにぎわう。

世界のメイクアップアーティストから支持されている化粧筆

職人による筆づくり

手作業で作られる伝統的工芸品「熊野筆」

日本画、洋画など幅広く愛用されている画筆

Welcome to Kumano Town

日本唯一の筆のミュージアム
筆の里工房

筆をテーマにしたユニークなミュージアム。館内には世界一の大筆を中心とした常設展示のほか、伝統工芸士の実演、1,500種の多種多様な筆を取りそろえたショップ、レストランなどがある。年間を通してさまざまな企画展が行われる。

熊野町は、江戸時代末期から180余年続く毛筆製造の技術を礎に「筆の都」として栄えてまいりました。現在はその技術と技法が画筆・化粧筆の製作に生かされ、毛筆とともに全国一の生産量を誇っています。また、県内で最も長い歴史を持つ「まち」として、大正7年の町制施行から100年以上もの時を刻んでいます。

熊野町
三村 裕史 町長

現在、本町の観光拠点である「筆の里工房」の強みを生かし、その周辺に町民の憩いの場を創出する公園の整備や、文化・交流機能の充実を図る体験交流施設の整備を進めています。令和7年度末の完成を予定しておりますので、完成の際にはぜひお越しください。

安芸郡 坂町

Saka Town

西日本最大級の人工海浜「ベイサイドビーチ坂」

山々の緑と穏やかな瀬戸内海に囲まれたまち。
遊歩道や海水浴場など、日帰りレジャーに最適。

豊かな自然を身近に感じられる施設が豊富にある坂町。JR呉線や広島呉道路（クレアライン）、海田大橋、国道31号を擁し、広島市や呉市の市街地からもアクセスしやすいため、日帰りレジャーを楽しむには絶好の町。なかでも気軽に体験できるのが、ウオーキング。

坂町は「ウオーキングの町」としても知られ、町内のあちこちに遊歩道が整備されている。初心者から上級者向けまで多彩なルートがあり、誰でも気軽にまち歩きを楽しめる。

そして、坂町一番の注目スポットともいえるのが、西日本最大級の人工海浜「ベイサイドビーチ坂」。海水浴シーズンになると、多くの海水浴客でにぎわう。シーズン以外でもビーチスポーツやマリンスポーツ、散歩や釣りなど、一年中、楽しむことができる。

令和5年4月には、大手アウトドアメーカー「モンベル」、パエリアなどの地中海料理をメインに生ガキやこだわりハンバーガーなどを提供する「MABUI」がオープン。施設内には地元特産品コーナーやテレワークスペースも設けられており、瀬戸内海の爽快な景色を眺めながら仕事をすることも可能。

mobile

坂町をもっと詳しく知る！　　坂町　ホームページ

絶景が見られる遊歩道
天狗岩ルート

標高373mにある天狗岩を目指す坂から小屋浦までを縦断するウオーキングコース。瀬戸内海の島々を望む見晴らしの良い場所が点在し、晴天の日の風景は感動的な美しさ。

新にぎわいスポット
ベイサイドビーチ坂
物販飲食施設

アウトドア商品、地中海料理、特産品などを販売する新にぎわいスポット。カヤックイベントや自転車の貸し出しもある。

event イベント

町内外から1000人以上が参加！
初心者も気軽に参加できる人気イベント
坂町悠々健康
ウオーキング大会

平成22年に町制施行60周年を記念し、ウオーキングを通じて健康でたくましい「こころ」と「からだ」をつくり、悠々とした心豊かな生活を目指し、「悠々健康ウオーキングのまち」を宣言。平成24年から毎年3月に「坂町悠々健康ウオーキング大会」を開催。町外からも多くの人が参加している。

曳船

屋台

頂載

topics 毎年10月に開催される

秋祭り

八幡山八幡神社

豪華絢爛な出し物は必見!

鎮座して763年余りという長い歴史を誇る、八幡山八幡神社。秋祭りでは、屋台や頂載、獅子舞など多くの寄進物が次々と奉納される。なかでも、「曳船(ひきふね)」は、法被姿の男性たちが荒々しく担ぎながら練り歩き、迫力満点だ。

獅子舞

小屋浦新宮社

赤鬼が駆け巡る

元文2年(1737年)、小屋浦の氏神様として再建された小屋浦新宮社。農民が発掘した金の像を御神体として祠を建てたところ、悪病が退散したという言い伝えがある。本祭りの前日には「マッカ」と呼ばれる赤鬼が、小屋浦地区内を駆け巡って祭りを盛り上げる。

マッカ

平成30年7月豪雨災害からの復興─────
「がんばろう!!坂町」

被災前よりも
安全・安心に暮らせる町へ

町民一体となって復旧・復興を目指す

平成30年7月豪雨により土砂災害などで町内全域が被災。多くの人命が失われ、1,600件を超える建物被害も発生した。町は「がんばろう!!坂町」を合言葉に、町民一体となって支え合いながら、復旧・復興に取り組んできた。被災から4年経過した現在は、落ち着きを取り戻しつつある。

Welcome to Saka Town

坂町は、緑豊かな山々に囲まれ、瀬戸内の穏やかな海に面しています。そして、秋祭りなどの伝承文化が人々の生活の中に息づいた歴史のある町です。

本町は、平成30年7月豪雨災害で大きな被害を受けましたが、さまざまなかたちで皆さまの御支援をいただき、復旧・復興に向けて、全力で取り組んでいます。令和5年4月には西日本最大級の人工海浜「ベイサイドビーチ坂」に、物販飲食施設がオープンしました。マリンスポーツやビーチスポーツ、隣接する山を活用したトレッキングを楽しめます。また、美しい瀬戸内の景色を眺めながら地元のカキなどを味わうこともできます。ぜひ坂町の魅力をご堪能ください。

坂町
吉田 隆行 町長

山県郡
安芸太田町
Akiota Town

三段峡

森林浴からウインタースポーツまで、大自然と気軽に遊べるアウトドアの聖地。

町の面積の９割が森林の安芸太田町。広島市内から車で１時間の場所にありながら、豊かな自然にあふれ、まちのいたるところに絶景スポットがある。自然に癒やされたい人にお勧めのまち。

「アウトドアの聖地」を目指したまちづくりが行われており、自然の中で遊べるスポットが充実！ 有名なスポットは、国の特別名勝・三段峡と広島県の最高峰・恐羅漢山。三段峡は全長16kmもある大峡谷。滝や淵などの絶景を観覧するだけでなく、SUPやカヤックなどの水上アクティビティも楽しめ

る。フランスの旅行誌『ブルーガイド』で最高格付けである三ツ星を獲得しており、海外からの観光客にも人気。

恐羅漢山は、春から秋にかけてはトレッキングやキャンプを楽しむ人、冬はスキーやスノーボードを楽しむ人でにぎわう。標高が高いため、山々の雄大な景色を眺めながらのライディングは圧倒的な爽快感。近辺には日帰り入浴ができる温泉もあるので、アウトドアを楽しんだ後に立ち寄るのも良い。

思い切り遊んで、おいしいものを食べて、リフレッシュできること間違いなし。

mobile

安芸太田町を
もっと詳しく知る！

あきおおたから

sightseeing
みどころ

中国百名山にも選出
深入山
しん にゅうざん

山全体が柔らかな草原に覆われた美しい山で、高低差が少ないので「森林散歩」に最適。春には山焼きが行われる。

日本の原風景が残る広島県の秘境
井仁の棚田
いに

農林水産省の「日本の棚田百選」に選ばれた絶景スポット。最も古い石垣は戦国時代のものと推測されている。

標高1,346mを誇る広島県の最高峰
恐羅漢山
おそら かんざん

春〜秋は登山やキャンプの人気スポット。冬は西日本最大級のスキー場「恐羅漢スノーパーク」がオープン。

昔懐かしい雰囲気の漂う憩いの場所
月ケ瀬温泉

リーズナブルな料金とレトロな空間が魅力の、日帰り温泉。併設の食事処「やぶ月」は天丼やそばが評判。

安芸太田町

topics
ここでしか味わえない感動を…

大自然をカラダいっぱいに感じる
SUP

三段峡で楽しむ水上アクティビティ。使用するボードは、幅が広くて安定感があるので、初心者も安心。SIJ（日本SUP指導者協会）公認インストラクターによる丁寧な指導もあり。

戦前から続く伝統芸能
神楽

神楽の中でも、戦前から継承される「旧舞」が盛ん。秋には、町内の複数の神楽団が各神社で夜通し奉納する。比較的ゆっくりなリズムで味わい深い舞に、根強いファンが多い。

江戸時代から受け継がれた
伝統工芸品
戸河内刳物（とごうちくりもの）

宮島細工の匠が材料の供給地である戸河内町（現：安芸太田町）に移住し、その技術が伝えられたといわれている。多彩な作品の中でも「浮上お玉」は"沈まない縁起物"として特に人気。

gourmet グルメ

江戸時代から続く希少種
祇園坊柿

江戸時代、広島の祇園地域にあった寺（現在の安神社）の住職が発見したといわれる品種で、広島県の高級柿。大きな実と、上品な甘さと香りが特長。干し柿は贈答品としても人気。

果実のような甘さとジューシーさ
トウモロコシ

安芸太田町は夏でも7〜10℃程度の気温差があるため、糖度の高いトウモロコシを栽培するのに適した地域。生を丸かじりできるほど柔らかくてジューシーなのが特長。

あんこが尻尾までたっぷり
よしおのたい焼き

1970年の創業以来、厳選素材と熟練職人の手技で、多くの人に愛され続けてきた老舗。外はサクッ、中はふんわり。100%北海道十勝小豆を使用した、たっぷりのあんこが自慢。

Welcome to Akiota Town

G7広島サミット開催記念
限定ウイスキー

シングルモルト
ジャパニーズウイスキー
戸河内
SINGLE CASK

景観の美しさが際立つ安芸太田町戸河内のかつて鉄道用として使われていたトンネルを貯蔵庫として使用。ゆっくりと熟成を重ねるウイスキーの中から1樽だけを厳選し、数量限定で製造したシングルカスクウイスキー。戸河内の豊かな自然が映し出されたウイスキーは、バニラやアプリコット、甘いスモーキーな香り、スムースな口当たりでキレのある余韻が特徴。

広島県の北西部に位置し、中国自動車道のインターチェンジ（IC）が2カ所あります。広島ICからは約30分でお越しいただけます。

本町は豊かな自然が魅力ですが、最近はその自然をより楽しんでいただくために、キャンプやスキー、登山や温泉、釣り堀といった定番の遊びに加えて、グランピングや森林セラピー、屋外サウナや屋外ヨガ、SUPにカヤック、シャワークライミングにウェイクサーフィンなどなど、新しいアクティビティの充実にも力を入れています。

アウトドアの聖地を目指す安芸太田町に、皆さまもぜひお越しいただき、心と体を癒やしてください。

安芸太田町
橋本 博明 町長

山県郡 北広島町

Kitahiroshima Town

世界中でここだけに群生する希少な変種
大朝のテングシデ群落
田原地区に自生するイヌシデの変種。枝條の屈曲が著しいのが特長で学術的にも貴重。国指定天然記念物。

希少な動植物と貴重な遺跡・文化が多彩。雄大な自然と壮大な歴史を体感できるまち。

広島市・安芸高田市・安芸太田町、島根県益田市・浜田市・邑南町と隣接しているため、古くから山陽と山陰を結ぶ交通の要衝として栄えた。

中世から「たたら製鉄」が盛んな地でもあり、町内には製鉄遺跡が多数残っている。戦国武将・吉川元春ゆかりの地としても知られ、町内には元春の居所跡や墓所、資料館などがある。毛利元就の初陣「有田中井手の戦い」などの古戦場跡も残る。

町の面積の8割以上は森林地帯で、芸北地域は1,000m級の山が連なる。八幡地区には湿原と原生林が広がり、希少な動植物が生息。国指定特別天然記念物のオオサンショウウオの生息域でもあり、地域住民による保全活動も盛ん。源流の水を生かした県内屈指の米どころでもあり、米の出来を競う全国大会も開かれている。

北広島町の初夏を彩る一大イベント「壬生の花田植」は中世から続く伝統行事で、平成23年にユネスコ無形文化遺産に登録されている。毎年田植えシーズンになると、町内各所で壮大な田園絵巻が展開され、多くの観光客でにぎわう。

居所跡や墓所などの史跡があちこちに
吉川元春関連史跡
戦国大名・毛利元就の次男で知勇兼備の武将。居所跡や墓所など、町内の各所に元春にまつわる史跡が残る。

木道が整備されたハンノキの森
水口谷湿原
むなくと たに しつ げん
北広島町の八幡地区周辺に点在する複数の湿原の一つ。湿原にしか自生しない多くの植物を見ることができる。

壬生の花田植

北広島町イメージキャラクター
花田 舞太郎(はなだ もうたろう)

mobile

北広島町をもっと詳しく知る!

北広島町観光サイト
ぐるっと、きたひろしま

約70もの神楽団
神楽

北広島町は日本一の数といわれる約70もの神楽団を擁する。島根県の石見地方から伝わった「旧舞」と、石見地方から高田郡を経て戦後に伝わった「新舞」があり、「新舞」はスピード感とエンターテインメント性の高さで発展を続けている。

topics
春・夏・秋・冬、大自然を遊びつくす!

北広島町には、自然豊かな町ならではのアクティビティが満載。四季折々の景観とともに、アウトドアを満喫しよう。

開放感抜群の露天風呂が人気
芸北オークガーデン

標高約600mの高原内にある、リゾート施設。館内には天然温泉「芸北温泉」があり、日帰り入浴も可能。レストランやグランピング施設もあり、さまざまな楽しみ方ができる。

鳥になった気分で空中散歩
ユートピアサイオト ジップライン

スキー場「ユートピアサイオト」のシーズンオフに、期間限定で体験できるアクティビティ。日常では味わうことができない圧倒的な疾走感と爽快感で、人気を呼んでいる。

広大なキャンプ地としても有名
聖湖

発電用樽床ダムとして建設された人造湖。湖畔には無料キャンプ場が整備され、家族連れなどに人気。近くには臥竜山がそびえ、湖面に山水名絵巻のような姿を映し出している。

3施設を擁するスキー天国
スキー場

積雪の多い北広島町の冬のアクティビティといえば、スキー。町内に「ユートピアサイオト」「やわたハイランド191リゾート」「芸北高原大佐スキー場」の3つのスキー場がある。

gourmet 特産品

名人の技を継承する絶品そば
豊平そば

豊平地域は、西日本有数のそばの産地。そば打ち名人・高橋邦弘さん系譜のそば店が軒を連ねる。道の駅豊平どんぐり村内には、そば打ち体験ができる「豊平そば道場」もある。

良質な水が育んだ幻の酒
どぶろく

米と米麹と水を発酵させて、もろみをこさずに醸す日本の伝統的な酒。明治時代に密造が禁じられていたが、平成18年に復活。県内唯一の「どぶろく特区」に認定されている。

Welcome to Kitahiroshima Town

北広島町は、中国山地に位置する自然豊かな町です。源流域の自然と田園文化が息づくこの町では、はやし田や神楽などの伝統文化が盛んで、稲作をはじめとする農耕文化を今に感じることができます。

また、県内屈指の豪雪地帯で、冬はスキーやスノーボード、夏はジップラインやバギーなどのアクティビティを楽しめます。さらに、八幡地区には原生林と湿原が広がり、希少な動植物が生息する素晴らしい自然を見ることができます。戦国武将・吉川元春のゆかりの地としても知られており、居所跡や墓所、資料館などもあります。北広島町は高原の魅力を満喫できるまち。ぜひ一度お越しください。

北広島町
箕野 博司 町長

極上の非日常へと誘う広島の宿

旅の醍醐味はその土地にしかない食や絶景を楽しめること。瀬戸内海を望む高級リゾートや嚴島神社を望む温泉宿ほか日常では味わえない体験ができるとっておきのホテルを紹介。

神の島が織りなす絶景に心も体も解き放たれる

江戸初期から続く、神の島・宮島で最も歴史ある宿。客室は、記念日など特別な日に利用したいスイートから、気軽な一人旅や出張に便利なシングルまで全8タイプ。京職人が意匠を凝らした数寄屋造りを採用している和室・和洋室も多彩で、全室に異なる模様の唐紙をあしらっているのが特長。料理は、地元の契約漁師から毎朝届けられる旬の魚介類ほか、瀬戸内の幸をふんだんに使用した本格的な懐石。コース料理とは別にオーダーできる「別注料理」があるのもうれしいポイント。

また、この宿の宿泊客だけが体験できる「夜の嚴島神社ライトアップ散策ツアー（事前予約不要）」も好評。通常の観光では味わえない、宮島の夜の魅力を楽しむことができる。

嚴島神社に最も近い宿としても知られる

■創業400年以上を誇る老舗宿

広島県
廿日市市 宮島グランドホテル
有もと

広島県廿日市市宮島町南町364　電話／0829(44)2411

地元産の旬の食材を使用した彩り鮮やかな料理

数寄屋造りの特別室。一部屋ずつ間取りが違うのも職人のこだわり

まるで一枚の絵画のような洋室
フォースルームからの景観

神社側の数寄屋和室から望む夕景

露天風呂付スイート。爽快な景色を眺めながら至福の時間を

粋な遊び心が散りばめられた大人の隠れ家

「庭園の宿」という名のとおり、この宿には日本庭園を中心とした非日常空間が広がっている。錦鯉が泳ぐ池を中央に配し、その庭を囲うように離れ・母屋・四阿（あずまや）が建つ。客室は全12室で粋な遊び心が散りばめられている。書斎やサロンなど宿泊客が自由に利用できるパブリックスペースも多彩で、庭を散策しながら、お気に入り空間を見つけ

るのもよし。そして、この宿の一番の見どころとも言えるのが、夕景。日没時になると篝火（かがりび）が焚（た）かれ、幻想的な景観に。

料理は地物を主に使用した懐石コース。アート作品のような繊細な盛り付けも、石亭の自慢。食事のみ、または食事と入浴のみの利用もできるので、気軽に宿泊気分を味わいた人にもおすすめしたい。

庭・空・山を一望できる離れ「大観」

宮浜の食材の良さを最大限に生かした料理

庭園の宿 石亭

広島県廿日市市宮浜温泉3-5-27　電話／0829(55)0601

■日本庭園が舞台の非日常空間

幻想的な美しさを見せる夕景

冷めてもおいしい宮島名物「穴子飯」。できたても格別

室内に露天風呂を配した「四阿 安庵」

床下を利用したライブラリーテラス。北欧の
インテリアを設えた和モダンな空間

111

瀬戸内海に包まれて過ごす至福のとき

　江戸時代の港湾施設が残るノスタルジックな港町・鞆の浦。そんな歴史ある町の中に建つ、ホテル鷗風亭。

　客室・ロビー・露天風呂など館内のさまざまな場所から瀬戸内海の景色を眺めることができ、ゆったりと至福のときが過ごせる。なかでも、海上15mの位置にある露天風呂では、空・海・温泉が一体化したかのよう

な絶景を味わえる。

　2022年3月には、四つのベッドを完備しグループ滞在に最適な「ハーバーサイド・スイート」、客室内での夕食が確約できる「インルームダイニング・スイート」、ドリンクやスイーツなどのサービスが充実した「プレミアムラウンジ」が誕生。ワンランク上の滞在を楽しみたいという人は、ぜひ。

目の前に青い海が広がる絶好のロケーション

国内外のラグジュアリーホテルで採用されている『JAXSON』社製のジャグジー付き「プレミアムスイート」

旬にこだわった魚介中心の会席膳

■鞆の浦の絶景を望む宿

広島県
福山市 **ホテル鷗風亭**

広島県福山市鞆町鞆136　電話／084（982）1123

日本遺産に認定された歴史ある港町が宿の舞台

「プレミアムラウンジ」で大切な人と特別な時間を

開放感あふれるロビー

①②③「西山別館」の伝統的建築様式を可能な限り損なわないように補修。夜間には幻想的な庭園照明を堪能できる

■「本物の尾道文化」を今に伝える宿

広島県 尾道市 Ryokan 尾道 西山

広島県尾道市山波町678-1 電話／0848(37)3145

④尾道ならではの「茶園文化」を継承するせとうち酒庫を備えた光琳ラウンジ ⑤改装に伴い撤去した床の間材を活用したルームキーホルダー ⑥「西山別館」の蔵に残されていた茶器を客室にも展示 ⑦露天の羽釜風呂と内風呂を備えた古民家風の寂びた空間が味わいの「梅の間」 ⑧庭園をより感じることができる開放的なたたきと伝統的な職人の技を堪能できる「藁の家」

①

文豪や著名人に愛された老舗宿がリニューアル

1943年創業、尾道の文化と歴史を受け継いできた由緒ある老舗旅館「西山別館」をリニューアル。今では再現できない伝統的な建築様式や内外装、調度を限りなく生かした客室は、豪商や皇族が利用した歴史を持ち、伝統的な意匠や素材の数々に包まれる「離れ」から、僧侶たちが瞑想して過ごす伽藍（がらん）をイメージした、全室オーシャンビューの上質な空間「本館客室」まで、個性豊かな全9タイプ。レストランでは、瀬戸内の素材に加えて、かつて「北前船」で各地から運ばれた一級品を使用するなど、味覚の追求はもちろん歴史や文化を楽しむ至極のコース料理に加えて、シェフのスペシャリテを好きなだけオーダーできるユニークなスタイル。ワインや日本酒のペアリングサービスも提供。瀬戸内海を一望する芝生庭園の絵画のような眺望も相まって、悠久の時を感じながら、優雅な寛ぎの時間を過ごせる。

⑨

⑩

⑨目の前で記憶に残る一品に仕上げるオープンキッチンのレストラン
⑩フレンチ料理の研鑽を積んだシェフが提供する「記憶を引き出し、記憶に刻まれる」料理

ひろしまのソウルフードお好み焼
世界に広がる無限の可能性

広島の復興を支えたお好み焼の歴史

小麦粉を水で溶いて薄く焼き、ネギや削り節などを乗せて、ウスターソースをぬって食べる「一銭洋食」は戦前、子どものおやつ的な存在として好まれていました。

昭和20年8月、広島市に原子爆弾が投下され、一瞬にして焼け野原に。失望感と食糧難による飢えに人々が苦しんでいた戦後に、焼け野原にあった鉄板と、アメリカから食糧支援された小麦粉（メリケン粉）で、再び一銭洋食が作られはじめました。この懐かしい味が、広島の人の心と空腹を癒し、復興の歩みとともにキャベツや卵、豚肉、そばなどを加えながら、

現在の「お好み焼」へと進化しました。

昭和27年にはお多福造酢株式会社（現：オタフクソース株式会社）がお好み焼店の店主の要望を聞き、「お好み焼用」ソースを開発。お好み焼と共に広島市内から次第に全国へと広がっていきました。

お好み焼は、広島の人と街が復興した歴史に重なります。被爆直後、75年は草木も生えないと言われた広島の地で生まれたお好み焼は、焼け野原から立ち上がった人々に活力を与えた食べ物であり、人と街の戦後復興を象徴する「ソウルフード」と呼ばれています。

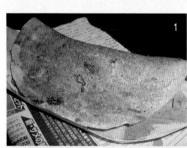

1. お好み焼の前身となる「一銭洋食」
2. 昭和30年代のお好み焼店イメージ
3. 発売当時の「お好み焼用」ソース

お好み焼は粉と野菜を中心に、栄養バランスに優れているだけでなく、世界中でその土地の文化や好みに合う材料でつくることができるメニューです。オタフクソースでは、お好み焼を世界に広めていく活動として、ムスリムやベジタリアンなど宗教や食習慣に対応したメニューの提案、お好みソースなどの調味料を展開。お好み焼体験ができる「OKOSTA」の運営も行っています。

また、お好み焼を世界に普及させることを目指して、2014年に産官学が連携して設立された「一般財団法人 お好み焼アカデミー」の賛助会員として、お好み焼を囲む "小さな幸せ" を世界に広めています。

広島駅に隣接する「OKOSTA」でのお好み焼体験の様子

G7サミット 参加国をイメージした メニューの発表

お好み焼アカデミーでは、お好み焼でイノベーションを起こす活動「team Oko-noVation」の一環として、お好み焼店への意識調査や、留学生や国内在住の外国人へのアンケートなどをもとに、G7サミット参加国をイメージした創作お好み焼を考案。広島県内のお好み焼店で提供されるほか、レシピ動画を制作。参加店舗のリストとレシピ内容は、専用サイトで公開します。

参加店舗やレシピはこちら
team Oko-noVation
https://okonomiyaki.or.jp/g7yaki

■■ フランス
ガレット
そば粉を加えた生地で、お好み焼の具材を包む。

🇬🇧 イギリス
フィッシュ＆ チップス
フィッシュフライとポテトフライをトッピング。

🇨🇦 カナダ
アップル＆ メープルシロップ
りんごをサンドしたデザート風のお好み焼。

🇺🇸 アメリカ
ハンバーガー
お好み焼とチーズ、ピクルスをバンズでサンド。

■■ ドイツ
ソーセージ、ポテト＆ ザワークラウト
ドイツの食を支えてきた3つの具材を重ねる。

■■ イタリア
カルボナーラ
パスタ麺を使用しカルボナーラとお好み焼を融合。

メッセージ
食を通して平和への想いを伝えたい

戦後の復興から発展した「お好み焼」は平和の象徴ともいえます。そして、その名前の通り「お好み」でどんな食材を入れてもおいしく、栄養バランスにも優れています。現在、海外にも約300店舗のお好み焼をメインとした専門店があるともいわれます。このたび、G7広島サミットを世界にお好み焼文化を広げる機会と捉え、参加国をイメージしたお好み焼を開発しました。サミット参加国の皆様に味わっていただき、自国に持ち帰って楽しんでいただきたいと思っています。

一般財団法人
お好み焼アカデミー 代表理事
佐々木茂喜

オタフクソース株式会社

〒733-8670
広島県広島市西区商工センター
7丁目4-27

TEL.082-277-7111
https://www.otafuku.co.jp

平山アートの原風景を瀬戸内の多島美から体感

瀬戸内海の風景を表しているという美しい和風庭園では、四季の変化が楽しめる。切妻の大屋根が印象的な建物は、両国・国技館などの設計で知られる建築家・今里隆による設計

観光地として知られるようになった「しまなみ海道」のほぼ中央に位置する尾道市瀬戸田町。昭和5年（1930）にこの瀬戸田町で生まれ、瀬戸内の青い海や緑の島々の織り成す豊かな自然の中で少年期を過ごした平山郁夫は、生涯を通じて「私の原点は瀬戸内海の風土である」と語っている。その原点の地に建つ平山郁夫美術館では、仏教伝来からシルクロード、日本の風景まで、時代とともに変化していった平山作品について、作品のテーマの変遷と背景を踏まえながらじっくりと味わうことができる。

1.幼少期〜青年期の作品、シルクロードや日本の風景を描いた代表作、屏風などの大作までを展示。ハイビジョン室では作品や制作にまつわる番組も観ることが可能　2.外光をふんだんに取り入れたロビーを彩るのは、代表作《仏教伝来》の原寸大陶板画　3.複製画や絵はがき、色紙、図録、書籍などを販売するミュージアムショップ　4.中島健設計による、瀬戸内の多島美をイメージした庭園をロビーから堪能できる

文化財保護活動にも取り組んだ 平山郁夫の原点は平和への願い

1945年8月6日、平山郁夫は修道中学3年生のときに広島市内で被爆しました。広島の惨状を目の当たりにし九死に一生を得た平山は、平和の祈りを込めて絵を描きたいと思うようになります。原爆症と戦いながら描いたのは、平和のために仏典を求めて中国からインドへ旅した玄奘三蔵の姿である《仏教伝来》でした。平山はここから画家としてのスタートを切ることになります。

仏教と日本文化の源流を求めてシルクロードを旅する中で、歴史遺産が内戦や自然劣化によって崩壊の危機にひんしている姿を目の当たりにした平山は、戦場で傷ついた人を敵・味方の区別なく救う赤十字社の理念に倣い「文化財赤十字」を提唱、生涯にわたって文化財保護活動に取り組みました。

平山郁夫プロフィール

昭和5（1930）年6月15日、広島県瀬戸田町（現・尾道市）生まれ。東京美術学校（現在の東京藝術大学）日本画科卒業。昭和20（1950）年、「家路」で院展初入選。昭和39（1964）年日本美術院同人、平成8（1996）年日本美術院理事長に就任。平成10年（1998）文化勲章を受章。ほかに、ユネスコ親善大使・世界遺産担当特別顧問、東京国立博物館特任館長、文化財赤十字活動を提唱する文化財保護・芸術研究助成財団の理事長などをつとめた。平成21年12月2日永眠（満79歳）。

ひといき

ティーラウンジ 喫茶オアシス

和風庭園を見渡しながら、ゆっくりとくつろげるティーラウンジ「オアシス」は、喫茶の利用だけでも可能。季節メニューなども用意し、瀬戸内を旅する人のオアシスとして親しまれている

企画展

平山郁夫のまなざし「敦煌と桃源郷」展

平山郁夫が憧れの敦煌に初めて訪れたのは昭和54（1979）年でした。当時の敦煌文物研究所での体験が敦煌莫高窟の調査研究修復保存活動のきっかけとなり、それはライフワークである文化財赤十字活動へとつながっていきます。東京藝術大学では「東洋のモナリザ」と称される菩薩像が描かれた敦煌莫高窟第57窟をスーパークローン文化財として復元しました。

また、平山郁夫は平和の祈りを込めて、人々がのどかに暮らす姿を理想郷の一つとして多く描いてきました。豊かな自然の中で営まれる人々の交流こそ平和の礎であり、桃源郷の世界といえます。

本展では、仏教美術の宝庫であり砂漠の大画廊と呼ばれる敦煌莫高窟の再現と、平山郁夫が桃源郷として描いた世界を併せて紹介します。

開催期間／令和5年3月18日（土）－5月28日（日）会期中無休

平山郁夫美術館

〒722-2413 広島県尾道市瀬戸田町沢200-2　TEL.0845-27-3800

開館時間／9：00〜17：00（最終入館16：30まで）
入館料／一般1000円、大学・高校生500円、中学・小学生300円
休館日／原則無休（作品入替の為、一部展示室がご覧いただけないことがあります）
アクセス／（車で）西瀬戸自動車道・生口島北ICから約10分、生口島南ICから約10分
　　　　　（船で）尾道港または三原港から瀬戸田港へ、瀬戸田港から徒歩15分
　　　　　（バスで）JR尾道駅前バス乗り場から瀬戸田港行バスで約60分「耕三寺」下車すぐ

ウェブサイト

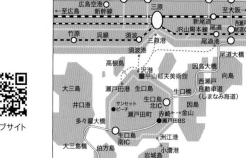

歴史を未来へ

巨大戦艦「大和」が残したメッセージ

呉市海事歴史科学館 大和ミュージアム

かつて「日本一の海軍工廠のまち」として栄えた呉市は、戦艦大和が建造された港として知られる。大和ミュージアムは、戦後に世界最大のタンカーを数多く建造する明治以降の「呉の歴史」と、造船・鉄鋼を始めとした、その後も受け継がれた各種の「科学技術」について、先人たちの努力や当時の生活・文化に触れながら学べる博物館。館内には、零式艦上戦闘機六二型などの貴重な実物資料の他、船を中心とした科学技術の原理を体験・体感を通してわかりやすく紹介。企画展やワークショップ、サイエンスショーなど、学びのきっかけとなるイベントを随時開催しており、幅広い年代に親しまれている。

1.大型資料展示室。零式艦上戦闘機や人間魚雷「回天」、九三式魚雷などの貴重な実物資料を展示　2.「船をつくる技術」展示室。船を中心とした科学技術の原理を体験・体感を通してわかりやすく紹介　3.眺望テラス。かつて戦艦「大和」を建造したドック跡や呉湾を行き交うフェリーなどを一望

見どころ ## 2023年度開催の企画展　会場／大和ミュージアム1階 大和ホール

呉市海事歴史科学館第30回企画展

海軍を描いた作家

阿川弘之・吉田満・吉村昭
~「大和」・「長門」・「陸奥」のものがたり~

開催中~令和5年5月31日（水）

呉市海事歴史科学館第31回企画展

日本海軍と航空母艦

航空母艦は、航空機を発着させる機能をもった艦船です。「動く飛行場」ともいえる航空母艦は、航空戦力の中心として重視されています。航空母艦に着目した日本海軍は大正期に「鳳翔」を建造、運用方法を模索しました。当初は補助戦力と位置づけられていた航空母艦ですが、航空技術の向上に伴い重要性を増していきます。太平洋戦争では真珠湾攻撃やミッドウェー海戦、マリアナ沖海戦など航空母艦を中心とした航空戦が展開されました。本企画展では、日本海軍の航空母艦のあゆみを紹介します。

航空母艦「赤城」

航空母艦「赤城」

「赤城」の艦上機

令和5年7月上旬~令和6年3月末予定

大和ミュージアムのシンボル
10分の1戦艦「大和」

戦艦「大和」は、昭和16(1941)年12月、呉海軍工廠(海軍直轄の工場)において、当時の最先端技術の集大成でありながら極秘裏に建造された世界最大の戦艦。しかし昭和20(1945)年4月7日、沖縄特攻作戦に向かう

途上、米艦載機の攻撃を受け沈没。乗員3,332名のうち3,056名が大和と運命を共にする。この全長26.3メートルもある10分の1戦艦「大和」は、設計図や写真、潜水艦調査水中映像などをもとに、可能な限り詳細に再現したもので、平和の大切さと科学技術の素晴らしさを後世に語り継ぐ存在となっている。

旧海軍工廠 大型旋盤 公開開始

戦艦「大和」の主砲を
削り出した大型旋盤。
永く保存すべく、呉の地へ。

戦艦「大和」に関する大型工作機械で唯一現存する「大型旋盤15299機」の一般公開が、クラウドファンディングを経て2023年3月よりスタート。設置ダイジェスト映像も公開中

場所：大和ミュージアム駐車場入り口西側
料金：無料　ライトアップ：日没から22時頃まで

ひろでん ラッピング電車運行中

雄姿を目に刻むチャンス

広島電鉄路線にて、新しいキービジュアルをまとった「大和ミュージアム」ラッピング電車を期間限定で運行中

おみやげ

ミュージアムショップやまと

ミュージアムショップでは大和ミュージアム限定の商品やオリジナルグッズなど、呉や大和関連のおみやげが揃う

四季折々に変化を楽しむ公園

複数の遊具が集まった大型遊具や
芝生広場で時間を忘れて楽しめる

夏

「ふるさと・あそび」をテーマにした中国地方唯一の国営公園。春はスイセン、サクラ、チューリップ、ネモフィラ、夏はひまわり、秋はコスモス、冬は冬咲きぼたんなど、園内では四季折々の花が楽しめるほか、季節ごとにイベントも開催。冬の風物詩「備北イルミ」は、園内の丘陵の地形を活かした奥行感のある装飾が特徴。大型遊具やアスレチックコースなどアクティビティも充実しており、自然の中で1日楽しく遊べる空間となっている。

1.5ヘクタールの花畑一面を
コスモスが埋め尽くす

秋

冬

70万球の電球で彩
られる幻想的な冬の
風物詩「備北イルミ」

春

日本最多級 約700品種
（園芸品種）、約210万本
のスイセンが咲き誇る

グランピング施設

湖畔ステイズ庄原

　公園内でも景観の美しい国兼池に面した湖畔エリアの一角に佇むグランピング施設。３つのドームテント「湖畔レイクビュードーム」「湖畔ドッグドーム」「湖畔プレミアドーム」は、北欧インテリアでコーディネートされている。全室冷暖房を完備しており、オールシーズン利用可能。

備北オートビレッジ

日本オートキャンプ協会から五つ星を認定された、初心者でも安心して楽しめるオートキャンプ場。

ひばの里

明治から昭和初期の里山の暮らしぶりを再現したエリア。季節にちなんだものづくり、食づくり体験も開催。

多彩なアクティビティ・文化体験

カブトムシドーム

サイクリング

手打ちそばづくり

古代たたら鉄づくり体験
その他季節ごとに様々な体験が可能

こくえいびほくきゅうりょうこうえん
国営備北丘陵公園 広島県庄原市

備北公園管理センター
〒727-0021
広島県庄原市三日市町4-10
TEL 0824-72-7000

備北オートビレッジ
〒727-0022
広島県庄原市上原町1300
TEL 0824-72-8800

※詳細はサイトにてお確かめください。

ウェブサイト

湖畔ステイズ庄原
TEL 0824-74-6058

予約サイト

UNIVERSITY OF WORLD-WIDE REPUTE AND SPLENDOR FOR YEARS INTO THE FUTURE

100年後にも世界で光り輝く大学へ

学長メッセージ

G7広島サミットを通して、平和や地球環境を改めて考える機会としたいと思います。広島大学も開学75年の節目となる2024年に向け、全国規模のイベントを開催して平和のメッセージを国内外に発信していきます。

広島大学長　越智 光夫

Through the G7 Hiroshima Summit, I would like to make this opportunity to take a fresh look at peace and the global environment. As the year 2024 falls on the 75th anniversary of Hiroshima University, we also plan to hold events on a national scale so that the message of peace will be disseminated both in Japan and around the world.

Mitsuo Ochi
President of Hiroshima University

広島大学は原爆投下から4年後の1949年、「平和の大学」として焦土と化した広島の地に開学。東広島、霞、東千田の3キャンパスに12学部、大学院4研究科を有するまでに発展しました。

ゲノム編集研究のトップランナーとして、多くの企業の参加の下、ゲノム編集技術を活用した新産業の創出とともに、研究・開発人材の育成に力を入れています。2022年秋には「持続可能性に寄与するキラルノット超物質拠点」が、中国四国地方の大学で初めて文部科学省の世界トップレベル研究拠点プログラム（WPI）に採択。大学で唯一、経済産業省の「ワクチン生産体制強化のためのバイオ医薬品製造拠点等整備事業」にも選ばれるなど、国内有数の総合研究大学として着実に前進しています。

緑豊かな東広島キャンパス内には米国アリゾナ州立大学サンダーバード経営学部の広島大学グローバル校が開校。医療人材養成拠点の霞キャンパスでは、大学病院が高度先端医療を担い、医学部が臨床医学領域のトップレベル論文数で国内82大学中10位にランクインするなど研究面でも優れた成果を挙げています。

大学発祥の地、東千田キャンパスでは法科大学院に加え、2023年4月に法学部と大学院法学・政治学プログラムが東広島から移転。新たに学生660人が学び、広島市中心部に、にぎわいを生んでいます。

開学75年、最も古い前身校の創立から150年になる2024年に向けて、全力を挙げてチャレンジします。

150th ANNIVERSARY
100年後にも世界で光り輝く大学へ

漕ぎ出せ 混沌の海に
走れ 創造の彼方へ

Row out into a sea of chaos; go beyond the horizon of creativity.

「広島大学 知のワンダーランド」
英語名：Exploring Wonderland

イラストレーターのカミガキヒロフミ氏による作品。東広島キャンパスを中心に、霞・東千田キャンパスの建物、原爆ドーム、厳島神社、広島大学に関係するシーンや人物が細密かつ色鮮やかでポップなタッチで描かれています。

東広島キャンパス

霞キャンパス・大学病院

東千田キャンパス

HIROSHIMA UNIVERSITY

広島大学

日本語

English

提供：株式会社バルコム・株式会社村上農園・株式会社やまだ屋

しゃきっと
阿部白桃
ABE HAKUTO

阿部農園

〒729-1211 広島県三原市大和町大草4648
TEL.0847-33-0400・0847-33-1201（農園）
FAX.0847-33-1378

「阿部白桃（あべはくとう）」は、私たちの農園で生まれた品種で、手のひらよりも大きく、しゃきしゃきとした食感が特長です。ひと皮むいて切ってみれば、班入りの紅模様が現れます。まろやかな独特の甘さに、白桃のイメージが変わるかもしれません。今年も大和町の自然豊かな農園で、すくすくと育っています。収穫は8月下旬から9月上旬の2週間を予定しています。

阿部農園　園主
阿部　雅昭

広島の

名店探訪

広島で食事をするならここという厳選のお店55店舗を紹介。

※掲載店舗名で五十音順＋最終にカフェ・ポンテ

坪庭や石灯篭など和の粋を活かした空間でお迎えいたします

上品な和の空間で、丹精込めた瀬戸内の旬の味をご堪能ください

日本料理

安芸茶寮
広島市中区三川町9-7

| 予約電話番号 | 082-209-8872 |

　瀬戸内の鮮魚をはじめ、厳選した産地の新鮮素材にこだわり、丹精込めた逸品をご提供いたします。
　洗練された和空間で、料亭感覚を気軽に満喫していただけます。

厳選した魚介を仕入れております

日本料理の匠の技と粋を込めて提供しております

□アクセス／広島電鉄「胡町」徒歩8分、
　　　　　　各市内バス「田中町」徒歩1分
□営業時間／昼11:30〜14:30、夜17:00〜22:30
□定休日／水曜日（不定休）、年末年始他（当店HPでご確認ください）

記者の目
オバマ前米大統領も来店された有名な瀬戸寿司割烹店。瀬戸内海の鮮魚を始め厳選された素材に贅をつくし、技を織り込んだ「季節限定料理」「口福ふぐコース」がおすすめ。

※ご予約はお電話で承ります。※店舗の予約状況により予約をお受けできない場合がございます。※当日キャンセルは100％のキャンセル料がかかります。※一部店舗はキャンセル規定が異なりますので、必ずご確認ください。

100年以上守り続けた伝統の味です

あなごめし うえの
廿日市市宮島口1-5-11

予約電話番号 **0829-56-0006**

　秘伝の出汁でたいた味飯の上にかば焼穴子がびっしり！是非お試し下さい。

行列をつくるほど大人気のあなごめし弁当

出来立ては脂がジューシーでさらに美味しい

一度食べたら忘れられない穴子の白焼き

□アクセス／JR宮島口駅徒歩1分
□営業時間／10:00〜19:00（水曜18:00）※売り切れ終了
□定休日／なし

記者の目　創業明治34年の老舗で、あなごめし発祥のお店。店内はカウンター席もあり、落ち着いた雰囲気。系列店に「あなごめしうえの三越店」、「他人吉」がある。あなごの焼き方と御飯の相性が絶品で、おすすめの店。

憩いの料亭 白竜湖
東広島市西条岡町10-20 HOTEL VANCORNELL 3F

予約電話番号 **082-422-1919**

　料理は私たちのすべてです。料亭と呼ぶには廉価で伝統・しきたりにとらわれない和食料理店。お客様の日本料理へのご要望に基づいたメニュー作りを心がけて30年、他店にはない料理を目指して今日に至りました。「『美味しい』というお客様の声をお聞きしたい」これが私たちの全てでございます。心よりお待ちしております。

和の風情溢れる白竜湖で憩いのひと時を

季節で変わる旬の素材を活かしたコース料理

昼はお膳料理が好評です

落ち着いた雰囲気の中で料理をお楽しみください

□アクセス／JR西条駅徒歩8分
□営業時間／昼の営業時間 平日11:00〜14:30（L.O.14:00）、
　　　　　　夜の営業時間 平日17:00〜22:00（L.O.21:00）、
　　　　　　　　　　　　日曜日17:00〜21:00（L.O.20:00）
□定休日／不定休

記者の目　東広島市中心部の「ホテル ヴァン コーネル」3Fにある。店内は落ち着いた雰囲気で個室も完備されている。宴会、接待にも利用できる。料理は器、食材、仕入先にこだわり、日本料理といえば白竜湖と言われている。

職人の味が味わえる一休総本店

一休総本店
福山市南手城町2-15-13

予約電話番号 **084-931-7300**

　名物料理はイカの活造りです。店内に生簀があり活魚・鮮魚を使った定食や御膳そして会席料理が人気のお店です。お席はお座敷・テーブル・カウンターがあり、ご家族からお一人様までごゆっくりお過ごしいただけます。旬な味わいを是非ご堪能ください。

イカの活造りは天然物ですので入荷のない場合がございます

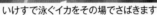
いけすで泳ぐイカをその場でさばきます

季節で一番おいしい食材を厳選して提供いたします

□アクセス／JR福山駅から車で12分、JR東福山駅から車で10分
□営業時間／11:00〜15:00、17:00〜21:30
□定休日／水曜日（祝日の場合変動）

記者の目　瀬戸内海の新鮮な魚介類を毎日市場で仕入れている。旬の魚介が楽しめるお店。名物のいかの活造りは、是非、食べてみて。仕出し、法要、お祝いにも利用できる。

季節の逸品・おこぜの姿造り入り盛り刺し（写真中央）

稲 茶
広島市中区鉄砲町7-13CDビル3F

予約電話番号 **082-212-1730**

　昭和40年創業の日本料理屋。広島の小魚はもちろん旬の食材をつかって日本料理の基本を守りつつ、ひと手間かけたオリジナル料理を提供しています。毎月メニューの変わる一品料理が70種。ご予算に応じて会席料理もご用意しております。2代目大将は、日本料理の鉄人の道場六三郎の店「銀座ろくさん亭」で6年修行しております。

和風の玄関

名物いわしハンバーグ

鮑の友わたソース

□アクセス／広島電鉄「八丁堀駅」徒歩3分、
　　　　　　バス停「八丁堀」徒歩3分
□営業時間／ランチ11:30〜14:00（L.O.13:30）、
　　　　　　ディナー17:30〜22:00（定休日の前日は21:30）
□定休日／日曜日、祝日

記者の目　瀬戸内の食材を中心に、和創作料理を味わうことができる。50年以上お客様に喜ばれているという、いわしハンバーグは絶品。ランチタイム、ディナータイムと営業。カウンター席、個室、20人が入れる小部屋がある。

※ご予約はお電話で承ります。※店舗の予約状況により予約をお受けできない場合がございます。※当日キャンセルは100%のキャンセル料がかかります。一部店舗はキャンセル規定が異なりますので、必ずご確認ください。

常に鮮度を重要視してます

海鮮料理

海の味処 藤田屋 安芸津本店
東広島市安芸津町三津4473-6

予約電話番号 **0846-45-2705**

新鮮な海鮮料理や活魚料理と美味しいお酒が楽しめます！

安芸津の旬な食材でおもてなし致します。

車椅子でのご来店が可能です（1階のみ予約優先）。

1階はバリアフリーで車いすでもご来店いただけます

おまかせ季節の海鮮会席が人気

安芸津産のたこや牡蠣のほかいろんな料理が楽しめる

□**アクセス**／JR安芸津駅徒歩10分、JR東広島駅から車で15分
□**営業時間**／11:00～15:00、17:00～22:00
□**定休日**／月曜日（祝祭日の場合は翌火曜）、不定休

記者の目 東広島市安芸津にある美味しい海鮮料理が食べられるお店。お昼の御膳はお得。夜は、活きのいい魚とおいしいお酒が楽しめる。冬の味覚の牡蠣料理は、安芸津でとれる牡蠣だけを使う頑固さに定評がある。

いつ来てもなじみの味が楽しめる安心感のあるお店です

日本料理

海の幸 磯の坊
広島市東区光町1-8-7

予約電話番号 **082-263-6220**

お昼は、1050円～2700円まで、9種類の定食があり、その日の気分で選べるのも楽しい。

夜は、季節のおすすめ料理や、いけすから、とれたての新鮮な魚たち、皮はぎ、鯛、平目などの海の幸が味わえます。

JR広島駅徒歩6分

いけすからとれたての新鮮な海の幸が味わえる

お昼は定食が人気

□**アクセス**／JR広島駅徒歩6分、広島電鉄「猿猴橋町」徒歩9分、
　　広島電鉄「的場町駅」　徒歩12分
□**営業時間**／ランチ11:30～14:00、ディナー17:00～22:00
□**定休日**／毎週水曜日

記者の目 瀬戸内海や日本海の旬の魚を、注文を受けて生簀からとりだし料理している。贅沢でボリューム満点の料理を食べられると評判。カウンター席と個室もあり、ひとりでも気軽に入れるお店。

※ご予約はお電話で承ります。※店舗の予約状況により予約をお受けできない場合がございます。※当日キャンセルは100%のキャンセル料がかかります。一部店舗はキャンセル規定が異なりますので、必ずご確認ください。

伝統とモダニズムが融合した異空間フレンチ

重森三玲の庭

桜下亭

広島市安佐南区長束西3丁目9-17

予約電話番号 **082-239-1000**

　春の桜に秋の紅葉、大正浪漫のモダニズム漂う古民家で、京都東福寺などの作庭で知られる作庭家・名匠「重森三玲」の手掛けた庭園を臨みながら、旬の食材を使った桜下亭ならではの広島フレンチをご堪能ください。

感性豊かな自信のコース料理

"桜下亭"のスペシャリテが自宅でも楽しめる

□アクセス／JR横川駅 から車で10分、JR安芸長束駅徒歩10分、　　バス停「平原会館前」徒歩3〜4分
□営業時間／ランチ11:30〜13:30(L.O.)、　　ディナー18:00〜20:30
□定休日／木曜日

記者の目　季節により桜や紅葉に迎えられ、石畳を進むと現われる大正ロマンに満ちたお店。ランチ、ディナー共にコースのみ。京都東福寺などの作庭で知られる作庭家「重森三玲」が手掛けた庭も有名。食事と景色を堪能してみては。

日本料理の技、そして季節の旬をお楽しみください

魚介類は、市場で直接仕入れるなど、新鮮さにこだわっています

おか半総本店

安芸郡熊野町出来庭2丁目18-22

予約電話番号 **082-855-6600**

　全国一の筆の生産量を誇る町‼　四方を山々に囲まれたのどかな町、安芸郡熊野町にある「和風レストラン」。瀬戸内の新鮮なお魚にこだわった料理の中で、一番のおすすめは「穴子せいろ蒸し」。熱々ホクホクのやわらかい穴子を食べたいならおか半へ‼　ぜひお越し下さい。

個室も用意しております

創業50年のお店です

□アクセス／JR矢野駅 から車で15分
□営業時間／11:00〜14:00(L.O.)14:30閉店、　　17:00〜20:30(L.O.)21:00閉店
□定休日／毎月第3火曜日（時期により変更あり）

記者の目　平日でも賑わっている熊野町にある和食の人気店。雰囲気も良く家族連れでも入り易いお店。ふっくら穴子にあつあつのご飯の「穴子せいろ」がおすすめ。仕出し、慶事、お祝い事にも利用できる。

旬の食材に繊細な職人の技を加えた和食をご堪能いただけます

日本料理

海軍さんの料亭 五月荘

呉市本通2-4-10

予約電話番号 **0823-21-5121**

　広島観光の際のランチ、ディナー、各種お食事は、呉市にある五月荘（さつきそう）にお任せください。当店は、明治34年の創業時から旧海軍御用達の店として愛されてきた唯一の海軍料亭です。厳選された食材を使った旬の会席料理を是非ご堪能ください。

慶事、法事はもちろん利用用途に合わせた会席料理をご提供

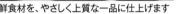
新鮮食材を、やさしく上質な一品に仕上げます

地域の皆様に愛され、明治時代より続いています

□アクセス／JR呉駅徒歩14分
□営業時間／ランチ11:30〜14:30、ディナー17:00〜21:30
□定休日／火曜日

記者の目　100年以上呉で愛されている老舗の料亭。四季折々の食材にこだわり、味もさることながら、彩りもよく、目と口で楽しめる会席料理が評判。店内に飾ってある呉海軍の歴史を物語る品々は、幾度となくテレビでも紹介された。

日本料理

海鮮 炭焼 寿司 仕出し おいしい和食 華ごころ

東広島市西条町下見459-17

予約電話番号 **082-421-8756**

　地元の新鮮な海鮮物、農産物を主に絶品料理をご用意しております。
　安心、安全な食材の味をぜひご堪能ください。

厳選された海鮮食材の和食を楽しんでください

広々とした店内でランチから飲み放題プランまで幅広くご用意しております

誰もが笑顔になれる料理を常に目指しています

日本全国から取り寄せた素材の旨味を味わってください

□アクセス／JR西条駅から車で13分、JR寺家駅から車で9分
□営業時間／月、水〜金、土、日、祝日、祝前日11:30〜14:30、
　　　　　　17:00〜21:00
※売切れの場合は早めに閉店するときもあります
□定休日／火曜日（その他不定休日あり。ご不明な点はお問い合わせください）

記者の目　明るくゆったりした居心地のいい雰囲気のお店。旬の食材を全国から直送し、旨みを活かした逸品が堪能できる。備長炭で焼いたうなぎのひつまぶし御膳はおすすめ。種類豊富に取り揃えているお酒が楽しめる。

オイスターマリアージュ（生かき盛合わせとスパークリングワイン1本）

日本料理

かき船かなわ 瀬戸

広島市中区大手町1丁目地先

予約電話番号 **082-241-7416**

　かきをはじめ、瀬戸内の食材をふんだんに使った、広島らしいお料理を気軽にお召し上がりいただけます。
　窓から見える景色と旬な会席料理を是非ご堪能ください。

平和公園を臨むかなわ店内、春は桜も見どころ

ランチ限定　広島おもてなしコース

かきの喰い切りコース

□アクセス／広島電鉄「原爆ドーム前」徒歩5分
□営業時間／ランチ11:00～14:30、ディナー17:00～L.O. 21:00
□定休日／年末年始

記者の目　かなわの牡蠣は瀬戸内の清浄海域、広島県大黒神島深浦のもの。牡蠣をはじめ瀬戸内海の食材をふんだんに使用した会席料理や穴子、すきやきなどの和食料理も楽しめる。元安川に浮かぶ水上の料亭。

JR西条駅からもアクセスしやすい環境

日本料理

割烹 掬水

東広島市西条栄町3-4 かみの井館1F

予約電話番号 **050-5484-5363**

　西条駅から徒歩3分。旬の食材を中心とした和食のコース料理、単品料理ございます。
　店内は完全個室（庭園あり）でごゆっくりおくつろぎいただけます。

落ち着いた雰囲気の中でゆっくりと食事が楽しめます

庭園を眺めながらの優雅なひと時を

旬の料理をご堪能ください

□アクセス／JR西条駅徒歩3分
□営業時間／火17:30～21:30、水～土11:30～14:00、17:30～
　　　　　　21:30、日11:30～14:30
□定休日／月曜日

記者の目　仕出し屋から始められ、二代目の息子さんが割烹料理店として新たな挑戦をされている。旬や厳選された食材を料理の技で披露する月替わりの会席コースは、女性客にも定評がある。

※ご予約はお電話で承ります。※店舗の予約状況により予約をお受けできない場合がございます。※当日キャンセルは100％のキャンセル料がかかります。一部店舗はキャンセル規定が異なりますので、必ずご確認ください。

創業当初から変わらないカウンター席

魚介はその日仕入れたものを締める

日本料理

割烹 白鷹
広島市中区流川1-6

予約電話番号 **082-241-0927**

　四季折々の食材を活かし新たな趣向を凝らして白鷹らしい逸品を生み出しております。

　鮮魚は当日ものを締め旨味がある8時間を目処に提供。

　屋号の白鷹は伊勢神宮御料酒に選ばれて以来献上され供えられております。

野菜は広島の農家さん直送のものを扱う

座敷の個室も一部屋ご用意しております

□アクセス／広島電鉄「胡町」徒歩3分
□営業時間／18:00〜23:00
□定休日／日曜日、祝日

記者の目　昭和34年創業で、伊勢神宮御料酒の名を冠して店名にしたお店。和食の枠にこだわらず、広島や瀬戸内の四季折々の食材を活かしながら、新たな趣向で、お酒と共に味わえるコース料理がおすすめ。

素材の味を大切にしたお料理を楽しんでください

6人掛けの席は、欅の一枚板のテーブルです

日本料理

季節料理 なかしま
広島市中区東白島町10-4 TOHAKUビル

予約電話番号 **082-225-3977**

　無形文化遺産「和食」を皆さまの心に届けたいと思っております。海と山の自然の恵みを厳選し、旬の物をお出しさせて頂くため、献立は折々で変わって行きます。四季のなかしまの味を是非お楽しみ下さいませ。

白島の夕景に、一筋の光。質素で優しい光がおもてないいたします

海と山の自然の恵みを活かした料理をご提供いたします

□アクセス／広島電鉄白島線「白島」徒歩3分
□営業時間／ご入店開始時刻18:00〜、
　　　　　　お料理開始時刻18:30（一斉スタート制）
□定休日／日曜日、祝日、G.W、8月中旬、年末年始
※完全予約制（定休日にお電話対応・予約受付はしておりません）

記者の目　ミシュランガイド三つ星店。日本人が長い間育んできた、素晴らしい和食の表現を更に向上させている。旬の食材、地元の食材を中心に、素材の味を活かした懐石コースのみが提供される。吉野檜の一枚カウンター席は必見。

※ご予約はお電話で承ります。※店舗の予約状況により予約をお受けできない場合がございます。※当日キャンセルは100%のキャンセル料がかかります。一部店舗はキャンセル規定が異なりますので、必ずご確認ください。

懐かしい雰囲気を醸す和の個室

日本料理

魚菜 黒田

広島市中区胡町2-12広栄ビル2F

予約電話番号 **082-247-3103**

　その時期その時期の食材を使った一品料理から、コース料理をお楽しみいただけます。

本格日本料理をお楽しみください

モダンな扉をくぐると和の空間が広がります

魚介類は天然の地物を中心に厳選して調理しています

□アクセス／広島電鉄「胡町」徒歩3分／広島電鉄「銀山町」徒歩3分
□営業時間／【平日・土・祝前】18:00〜24:00
□定休日／日曜日、祝日

記者の目　季節の食材を使った風味豊かな和食のお店。地の魚をおもに盛り付けた「刺身盛り合わせ」やトマトを使用した「トマトすき焼き」が評判。カウンター席や個室（2室）がある。

笑顔あふれるスタッフがおもてなしいたします

日本料理

正弁丹吾

広島市中区三川町10-26

予約電話番号 **082-248-0672**

　瀬戸内の旬魚【おこぜ】が生簀に泳いでおり、姿作りや煮付け・唐揚げでご提供致します。安芸津の大牡蠣も生簀にあり、焼きやフライでご堪能下さい。カウンターで楽しむも良し、掘り炬燵の個室でゆっくりするも良し。

落ち着いたひと時を過ごせる個室やテーブル席をご用意

おこぜの姿造入り盛刺

ふぐ刺し

□アクセス／広島電鉄「八丁堀」徒歩5分
□営業時間／昼:11:30〜14:00、夜:17:00〜22:00
□定休日／年中無休

記者の目　瀬戸内をはじめ山海の旬な食材を使った料理を振る舞う料亭。夏はハモ料理、冬は穴子、牡蠣、フグ料理が楽しめる。地酒や焼酎も充実。おもてなしのクオリティーの高さとポン酢は俊逸。

※ご予約はお電話で承ります。※店舗の予約状況により予約をお受けできない場合がございます。※当日キャンセルは100%のキャンセル料がかかります。一部店舗はキャンセル規定が異なりますので、必ずご確認ください。

当店は国内産、地産地消をモットーに料理を提供いたします

日本料理

炭乃家　一期一会
東広島市西条中央6-5-6

予約電話番号 **082-437-5262**

　全国各地の日本酒や焼酎を常時80種類。お客様のお好みのお酒をご提案いたします。和食を中心に、鮮魚、和牛、江戸前鮨など器にも拘り、五感で堪能できるお店です。会席コースは飲み放題付き。80種類のお酒を愉しめます。

カウンター席もございます。お気軽にお越しください

肉料理、鮮魚、お鮨やこだわりの創作料理をご用意しております

一押しは備長炭で仕上げる料理達です

□アクセス／JR西条駅から車で5分
□営業時間／18:00〜24:00
□定休日／不定休

記者の目　東広島市西条にある割烹居酒屋。国内産、地産地消にこだわった、炭火を使用した「一期一会」コースが女性にも評判。落ち着いた雰囲気の店内で、親しい人との会話が弾むお店。

日本料理の粋、そして季節の旬をお楽しみください

日本料理

瀬戸内味覚処　芸州本店
広島市中区立町3-13　ひろしま国際ホテル2F

予約電話番号 **082-248-2558**

　和食の粋を尽くした会席料理。瀬戸内の地魚料理がメインの瀬戸内会席をはじめ、牡蠣料理や名物芸州鍋、ふぐ料理等、季節の旬をお楽しみいただいております。

大小様々な個室のお部屋をご用意

心やすらぐ空間をごゆっくりとお楽しみください

単品料理も豊富にご用意

□アクセス／広島電鉄「立町」徒歩3分
□営業時間／11:00〜15:00(L.O.14:30)、
　　　　　　17:00〜22:00(L.O.21:00)
　　　　　　※日・祝日は21:30(L.O.20:30)
□定休日／火曜日(GWと12月は例外あり)、12月31日、1月1日

記者の目　ひろしま国際ホテル内にある瀬戸内の旬を楽しめるお店。ランチ、ディナー、宴会と老若男女が利用できる。総料理長の自家菜園は有名。石庭を見られる個室もある。

※ご予約はお電話で承ります。※店舗の予約状況により予約をお受けできない場合がございます。※当日キャンセルは100%のキャンセル料がかかります。一部店舗はキャンセル規定が異なりますので、必ずご確認ください。

石亭のお部屋はすべて違った個性を持っています

庭園の宿 石亭

廿日市市宮浜温泉3-5-27

予約電話番号 **0829-55-0601**

世界遺産宮島と瀬戸内海を望む、緩やかな斜面に風雅な宿がある。肌になめらかな温泉に、部屋毎に趣向を凝らした内湯や書斎。そしてこだわりの食事。時間毎に趣をかえる庭を眺めながら、ゆったりとした時をお過ごし下さい。

地元の作家の器や趣向を凝らした盛り付けもお楽しみください

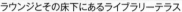
ラウンジとその床下にあるライブラリーテラス

内湯に浸かって身体をほぐし、露天風呂でくつろぐ

□**アクセス**／JR大野浦駅から車で5分、JR宮島口駅から車で15分
※JR大野浦駅とJR宮島口駅前の姉妹店「あなごめし うえの」へお電話にて送迎あり
□**営業時間**／要予約
□**定休日**／無休（要予約）

記者の目 宮島口から西へ数キロ離れている宮浜温泉街の高台にそびえる庭園の宿で、総部屋数は12室。著名人も泊まったとか。滋味あふれる食材と山海の幸を生かした懐石料理が楽しめる。ミシュラン最高ランクの宿。

四季折々のお庭の風情をお楽しみいただけます

豆匠本店

広島市南区比治山町6-24

予約電話番号 **082-506-1028**

宮大工による総檜造りの建物と日本庭園が楽しめる店。旬の恵みを盛り込んだ会席料理を、趣ある完全個室にてご賞味ください。

滝の流れる音に癒され、四季折々の風景を眺めながらごゆっくりお過ごし頂けます。

接待や顔合わせなどにもご利用いただけます

庭園を眺めながら優雅なひとときを

こだわりのスイーツがオーダーブッフェで楽しめる豆匠ランチも人気

□**アクセス**／広島電鉄皆実線「段原1丁目」徒歩3分
□**営業時間**／平日ランチ11:00〜15:00、ディナー17:00〜21:30、日・祝ランチ11:00〜15:00、ディナ17:00〜21:00※夜の営業はご予約状況により休業
□**定休日**／毎週月曜日、年末年始（その他臨時休業有）
□**備考**／個室ご利用時サービス料10%

記者の目 山海の幸と季節を添えて味わう豆腐料理専門店。宮大工が手掛けた総檜造りの建物で、四季折々の情緒溢れる日本庭園を眺めながら、地元の旬の味覚を用いた和懐石が堪能できる。結納、顔合わせでも利用できる。

※ご予約はお電話で承ります。※店舗の予約状況により予約をお受けできない場合がございます。※当日キャンセルは100%のキャンセル料がかかります。一部店舗はキャンセル規定が異なりますので、必ずご確認ください。

昭和27年創業

日本料理 魚池

大竹市西栄3丁目2-17

予約電話番号 **0827-52-2511**

　創業、昭和27年。大竹の地で71年目を迎えました。
　昼はお気軽なランチメニュー、夜はゆったりとお座敷会席、その他仕出し弁当など、様々なシーンでご利用ください。

穴子めし天ぷら御膳

冬限定の牡蠣フライ御膳

ゆったりとした時間が流れる座敷席は要予約

□**アクセス**／JR大竹駅［東口］より徒歩3分
□**営業時間**／昼の部11:30〜14:00（L.O.13:30）、
　　　　　　　夜の部17:30〜21:00（3日前までの要予約）、
　　　　　　　仕出しの部10:30〜18:30
□**定休日**／水曜日 ※日曜日は、お座敷・仕出しのみ営業、お食事処はお休み

記者の目 　創業昭和27年、大竹の味を守り続けている地元密着型店舗。大竹及び県内食材にもこだわり、お祝いや宴会、仕出し、弁当、ランチなど幅広く提供している。最大48人まで利用可能なテーブル個室もある。

日本料理 雲海

広島市中区中町7-20　ANAクラウンプラザホテル広島5F

予約電話番号 **082-241-1117**

　雲海の日本庭園は、広島の縮景園を模しており、都会の喧騒を忘れさせてくれます。瀬戸内で育まれた四季折々の食材を、蒸す・煮る・焼くなど趣向を凝らし、バリエーション豊かな料理をお楽しみいただけます。

様式美に満ちた伝統的な会席料理や季節の一品料理をご堪能ください

旬の料理を彩り鮮やかに

雲海専用に育てた「雲海米」をご賞味ください

くつろぎの空間で本格日本料理を

□**アクセス**／【路面電車】広島駅南口より紙屋町経由の路面電車で20分（1番広島港袋町下車）袋町駅より徒歩1分
　【バス】広島駅南口より15分。袋町バス停下車徒歩1分、観音新町三丁目（観音マリーナホップ方面）
　4番のりば3号線、御幸通り（ベイシティ宇品方面）6番のりば21-1、21-2号線
□**営業時間**／朝食6:30〜10:00、ランチ11:30〜14:30（L.O.14:00）、ディナー17:00〜21:00（L.O.20:30）
□**定休日**／木曜日※変更になる場合がございます

記者の目 　料理長は初代料理長に認められ、お店の味を40年守り続けている人物。四季折々の食材を厳しい目で見極め、卓越した技と感性で作られた「雲海膳」は、すくなからず、多からず、上品な味で楽しめる。外の景色も抜群。

※ご予約はお電話で承ります。※店舗の予約状況により予約をお受けできない場合がございます。※当日キャンセルは100%のキャンセル料がかかります。一部店舗はキャンセル規定が異なりますので、必ずご確認ください。

伝統的な日本料理が楽しめます

日本料理

日本料理 川長
福山市光南町3丁目10-6

予約電話番号 **084-922-2486**

　日本料理の全般で仕出しのお弁当、料理、お昼はお手軽なランチを福山市の郷土料理「うずみ」など夜はおまかせコースのお料理にていたしております。

1961年に創業

カウンター席・個室から宴会場まで用途にあわせてご利用ください

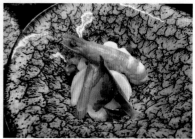
ランチから儀式料理・宴会料理・仕出し・弁当と幅広くご提供

□アクセス／JR福山駅徒歩21分
□営業時間／11:30～14:00、17:00～21:00（夜は予約にて）
□定休日／1月1日～3日

記者の目　昭和36年に創業した福山の老舗日本料理店。ランチから冠婚葬祭、儀式料理、宴会料理、コース料理、仕出し、弁当まで幅広く対応している。地元食材を活かした長年愛されてきた「松花堂」と「昭和レトロランチ」が評判。

趣きのある玄関をくぐれば喧噪を離れた空間が迎えてくれます

日本料理

日本料理 㐂多丘
広島市東区牛田本町3-2-20

予約電話番号 **050-5487-0977**

　世界の傑出したレストラン1000件「ラ・リスト」に中国地方で初めて選ばれた日本料理のお店です。四季折々の地元食材を丁寧に調理し、季節感ある料理・器で見た目を大切にした懐石料理を提供しています。お酒の賀茂鶴と深い関わりがあり、お酒にも合う料理を提供しています。

街中とは思えないほど落ち着いた室内

季節の一品

季節の一品

□アクセス／アストラムライン「牛田」徒歩11分、「白島」徒歩12分
□営業時間／ランチ11:30～14:00、ディナー17:00～22:00
□定休日／日曜日、祝日

記者の目　広島屈指の食の社交場であり、オーナーの北岡三千男氏は、多くの料理人から尊敬され、指導を乞われる方。国内外の著名人からも食事は「㐂多丘」で、と言わしめる名店。

※ご予約はお電話で承ります。※店舗の予約状況により予約をお受けできない場合がございます。※当日キャンセルは100％のキャンセル料がかかります。一部店舗はキャンセル規定が異なりますので、必ずご確認ください。

旬の素材を贅沢に使ったお料理と広島の地酒が自慢です

広々としたスペースでゆったりお食事を楽しんでいただけます

日本料理 矼

三原市本郷町善入寺64-25 広島エアポートホテル1F

予約電話番号 **0848-60-8188**

　旬の素材を贅沢に使ったお料理と広島の地酒が自慢です。

　3室の個室も備えたゆとり落ち着きのスペースでこだわりの料理をご堪能ください。

※料理の写真はイメージです。

個室も完備。シーンに合わせてご利用ください

旬の料理をご堪能ください

□アクセス／広島空港徒歩約5分
□営業時間／昼食11:00～14:30（オーダーストップ14:00）、
　　　　　　夕食17:00～20:30（オーダーストップ20:00）
□定休日／月曜は夜のみ営業いたします（祝日の場合翌日）
※貸切は別途ご相談承ります

記者の目　広島空港に隣接している広島エアポートホテル内にある。落ち着いた雰囲気の個室も備えてあり、接待に向いている。ランチ、ディナー共に旬の食材を活かしたコースが月ごとに変わるのが楽しみ。元就牛も食べられる。

日本料理を心ゆくまでご堪能ください

旬の料理をお愉しみください

日本料理 三嵋

広島市中区上八丁堀4-1アーバンビューグランドタワー2階

予約電話番号 **082-224-1000**

　県立美術館、縮景園を目の前にするアーティスティックなエリアにそびえるアーバンビューグランドタワー内の日本料理三嵋。季節と器、間合いにこだわり、目と舌で味わう日本料理の真髄を心行くまでご堪能ください。

季節の料理を華やかに演出する高級食器

舌と目で楽しむ会席料理

□アクセス／広島電鉄白島線「縮景園前」徒歩1分
□営業時間／ランチ11:30～15:00（L.O.14:30）、
　　　　　　ディナー17:30～22:00
□定休日／不定休

記者の目　瀬戸内の魚介や広島の旬の野菜など地元の豊かな食材を用いた日本料理を味わえるお店。全個室の店内は、接待や結納、披露宴などの特別な日に最適。

瀬戸内海をイメージした落ち着きある空間

日本の四季を、五味五感で

日本料理 瀬戸内

広島市南区松原町1-5 ホテルグランヴィア広島2F

予約電話番号 **082-262-1160**

　四季折々の感動をお料理にこめて。旬の食材を贅沢に使ったお料理をご堪能いただけます。瀬戸内海をイメージした落ち着きある空間は、大切な方との集いや慶弔行事にもふさわしい上質な佇まいです。個室もご用意しております。

タイプの異なる個室や貸切エリアがあります

四季折々の感動を料理に込めて

□アクセス／JR広島駅直結
□営業時間／ランチ11:30〜14:30(L.O.14:00)、
　　　　　　ディナー17:00〜21:00(L.O.20:00)
□定休日／月曜定休(祝日は営業)※都合により、
　　　　　予告なく休業する場合有

記者の目 立地、料金、ゆったりとした店内の間取り、どれを取っても会食や接待に必要な条件を揃えている人気店。和食の広島県日本調理技能士が作る料理は、多くのリピーターから喜ばれている。

数寄屋風のつくりで落ち着いた雰囲気のお店です

素材を活かした日本料理ならではの繊細な味をご堪能ください

日本料理 髙山

広島市中区胡町2-17

予約電話番号 **082-545-7717**

　天然の魚貝類にこだわった会席料理をぜひご堪能ください。
　完全予約制(前日まで)。個室あり(最大10名様)。

厳選した食材とこだわり抜いた渾身の味

天然木本来の温もりが感じられる店内です

□アクセス／広島電鉄「銀山町」徒歩1〜2分
□営業時間／18:00〜22:30 ※最終入店時刻19:30
□定休日／不定休

記者の目 農林水産省日本食普及の親善大使、故神田川俊郎氏の一番弟子のお店。営業は夜だけだが、弁当、ケータリングなど、客の要望に応えてくれるお店。特に、すっぽん料理、くえ、うなぎ、ふぐの料理には定評がある。

広々としたスペースでゆったりとお食事をお楽しみください

日本料理 善おか

広島市中区河原町3-14

予約電話番号 **082-291-8711**

旬な食材を使ったコース料理の創作和食料理店です。
地元広島のお酒を中心に各種とりそろえております（完全予約制）。

匠の技を活かした料理をご堪能ください

ちょっとしたところに美味しさの工夫が隠れています

□ **アクセス**／広島電鉄「舟入町」徒歩2分
□ **営業時間**／17:30〜22:00（ご予約はお早めにお願いします）
□ **定休日**／不定休

記者の目 清潔感のある店内にはカウンターとテーブル席があり、カウンター席からは、作るところが見えて安心できる。ご主人の食材にこだわった一品料理やコース料理が楽しめるお店。「出汁カレー」がおすすめ。予約が必要。

四季折々の日本料理を落ち着いた空間で味わえます

日本料理 鯉城

広島市中区基町6-78 リーガロイヤルホテル広島6F

予約電話番号 **082-228-5401**
（予約センター）

和の趣溢れる落ち着いた空間で、季節を感じる繊細な味覚や彩り豊かな日本料理を味わえる同店。彩り鮮やかな料理の数々が詰め込まれた重箱スタイルのランチをはじめ、丹精込めて供する懐石料理などをご用意します。

趣向を凝らした料理の数々を堪能できる懐石料理（イメージ）

重箱スタイルの華やかなランチ（イメージ）

テーブル個室や掘り座卓など多彩な個室が揃っています

□ **アクセス**／アストラムライン「県庁前」徒歩約2分
□ **営業時間**／11:30〜14:30（L.O.14:00）、17:30〜21:00（L.O.20:00）
□ **定休日**／火曜日（定休日が祝日にあたる場合は営業日とする）
※G7広島サミットガイドブックの金券は、「日本料理 鯉城」の他、リーガロイヤルホテル広島内のレストラン6店舗でご利用いただけます

記者の目 リーガロイヤルホテル広島開業の時から続く、和食ファンに愛されるお店。店内から庭が楽しめる落ち着いた雰囲気で、お祝いや接待でも利用できる。ランチタイムは女性に人気。寿しカウンターもある。

※ご予約はお電話で承ります。※店舗の予約状況により予約をお受けできない場合がございます。※当日キャンセルは100％のキャンセル料がかかります。一部店舗はキャンセル規定が異なりますので、必ずご確認ください。

優雅な日本庭園

日本料理

半べえ

広島市南区本浦町8-12

予約電話番号 **082-282-7121**

　日本庭園が優美に広がる料亭半べえ。四季折々に表情を変える庭園を眺めながら本格的な懐石を愉しむ事ができます。完全な個室と十分なコロナ対策で安心してご利用頂けます。

　旬の食材を最高の調理でご賞味ください。

庭園を眺めながら至福の時をお過ごしください

庭園での野点にも対応しております

瀬戸内の旬の素材にこだわった懐石料理をどうぞ

□アクセス／JR広島駅より車で15分、
　　広電バス4号線「邇保姫神社入口」下車徒歩5分
□営業時間／11:30〜21:30※15:30〜17:30 Close
□定休日／火曜日

記者の目　全部屋から、美しい日本庭園が眺められる。吟味された瀬戸内の食材が活かされた懐石料理を楽しむことができる料亭。ランチ、ディナー共に営業。小部屋と宴会場があります。完全個室で接待や披露宴などにも利用できる。

開放的なテラス席は早い者勝ち

イタリア料理

HIROSHIMA ITALIAN AO _{あお}

広島市中区堀川町1-14 レックスMB2F

予約電話番号 **082-545-6107**

　当店は「日本野菜ソムリエ協会認定レストラン」です。
　広島県産の食材を厳選して使用しております。
　「広島」×「イタリアン」をお楽しみ下さい。

ゆったり座れるカウンター席

広島県産の比婆牛を一度ご賞味ください

AO名物バーニャカウダ

□アクセス／広島電鉄「胡町」徒歩3分
□営業時間／月〜木　17:00〜翌1:00/金、土 11:30〜翌3:00、
　　日・祝日 11:30〜翌0:00
□定休日／月・火・水・木はランチ営業休み（祝日の場合はランチ営業あり）

記者の目　広島の食材を使ったイタリアンのお店。厳選した肉と野菜ソムリエが認めた野菜しか使用しない。落ち着いた店内での至福のひと時にはワインが似合う。新鮮野菜のバーニャカウダが名物。

広島産かき釜飯

日本料理

廣島料理専門 酔心本店

広島市中区立町6-7

予約電話番号 **082-247-4411**

創業昭和25年の広島郷土料理専門店です。
瀬戸内の小魚や国産穴子・牡蠣を使用した料理をご用意しております。

コース料理、単品料理と幅広く用意しています　　新鮮な活造りの食感をお楽しみください　　落ち着いた雰囲気の個室

□アクセス／広島電鉄「立町」徒歩3分、広島電鉄「八丁堀」徒歩4分
□営業時間／11:00〜22:00（平日14:00L.O.、15:00閉店、17:30開店、20:30L.O.、22:00閉店、土・日・祝11:00開店、15:00L.O.、16:00閉店、17:30開店、20:30L.O.、22:00閉店）
□定休日／水曜日、他不定期で月2回休み有

記者の目　広島の釜めし代表店。牡蠣をはじめとする瀬戸内海の海鮮にもこだわった郷土料理も有名。県外でも名前が通っている有名店。掘りごたつ席、カウンター席、個室がある。ランチ、ディナー共に楽しめるお店。

瀬戸内海に点在する島々の絶景と共に自慢の料理をお楽しみください

日本料理

広島なだ万

広島市南区元宇品町23-1　グランドプリンスホテル広島20階

予約電話番号 **050-5232-1333**

1830年創業の老舗 日本料理店「なだ万」。中国地方唯一となる「広島なだ万」は、美しい瀬戸内海を一望でき、開放感あふれ、日本の四季折々の美しさを料理へと形を変えて表現、調理人が腕を振るった料理とおもてなしの心をご堪能下さい。

ご接待のお席や大事な方とのお食事におすすめの個室がございます　　お気軽にお楽しみいただける御膳ランチや本格的な懐石料理をご用意しております

□アクセス／広島駅新幹線口よりホテル無料シャトルバスあり（所要時間約30分）、広島電鉄「元宇品口」徒歩10分
□営業時間／ランチ11:30〜14:30（L.O.13:30）、ディナー17:30〜21:00（L.O.20:00）
□定休日／なし（サミット期間中につきましては、お問い合わせください）

記者の目　グランドプリンスホテル広島内にある和食レストラン。料理は人を幸せにできるをモットーに国内外の食材で作った四季懐石は絶品。20階から見渡す夜景、風景も素晴らしい。観光客、接待等幅広く活用できる。

※ご予約はお電話で承ります。※店舗の予約状況により予約をお受けできない場合がございます。※当日キャンセルは100%のキャンセル料がかかります。一部店舗はキャンセル規定が異なりますので、必ずご確認ください。

味が特に良いと言われる1匹100〜120gの天然穴子を使用しています

日本料理

ふじたや
廿日市市宮島町125-2

予約電話番号 **0829-44-0151**

古くから伝わるあなごめし。代々受け継がれた味を、お召し上がりください。

お吸い物

あなごの肝

1902年創業。閑静な住宅街にあります

□アクセス／宮島桟橋から徒歩15分
□営業時間／11:00〜17:00 ※売り切れ次第閉店
□定休日／不定休

記者の目 1902年創業、メニューは「あなごめし」のみ。身が締まったあなごに甘いたれを塗って焼き、アツアツの御飯の上にぎっしり詰め込んである。いつでも行列のできるとても人気のあるお店。

美味を愉しむにふさわしい、風情あふれる空間

日本料理

二 葉
広島市東区二葉の里2-5-11

予約電話番号 **082-261-0191**

旬の素材や瀬戸内の山海が育んだ幸を厳選。伝統を受け継ぐ和の心を大切にしながらもその枠にとらわれない新しい感性を取り入れながら正統と独創が織りなす彩り豊かな美味の数々をぜひご堪能ください。

利久の間

丹頂の間

二葉でしか味わえない贅の極みをどうぞ

□アクセス／JR広島駅新幹線口徒歩10分、
　　　　　　バスセンターから紙屋町行きバス5分（鶴羽根神社前下車）
□営業時間／10:00〜22:00
□定休日／正月三が日

記者の目 広島で、政財界など日本を代表する各界の名士から、半世紀以上愛され続ける老舗の料亭。広島駅近くの鶴羽神社敷地内で神社に隣接。日本庭園を望む部屋で楽しむ会席料理は格別。結納、結婚披露宴もできる。

※ご予約はお電話で承ります。※店舗の予約状況により予約をお受けできない場合がございます。※当日キャンセルは100%のキャンセル料がかかります。一部店舗はキャンセル規定が異なりますので、必ずご確認ください。

賀茂鶴のお酒とそれに合う料理を気軽にお楽しみください

日本酒ダイニング

佛蘭西屋

東広島市西条本町9-11

予約電話番号 **082-422-8008**

　賀茂鶴のお酒とそれに合う料理を気軽にお楽しみください。賀茂鶴発祥の元祖美酒鍋や日本酒と赤ワインを使った煮込み料理など日本酒を楽しめるこだわりのメニューでおもてなしします。

日本酒と赤ワインで煮込んだ牛ほほ肉のシチュー　　ディナーにはおつまみの盛り合わせもあります　　郷土料理美酒鍋のついた夫酒鍋御膳

□**アクセス**／JR西条駅徒歩3分
□**営業時間**／ランチ11:30〜14:30、ディナー17:00〜22:00
□**定休日**／木曜日、第2・第4月曜日

記者の目 東広島市西条駅の近く、蔵元が立ち並ぶ西条酒蔵通りにある、賀茂鶴酒造㈱直営の日本酒ダイニング。店内は落ち着いた雰囲気で、料理も和の素材を活かした西洋料理。元祖「美酒鍋」や牛ほほ肉の煮込み料理は絶品。

海上15mから眺む穏やかな瀬戸内海をお楽しみください

ホテル

ホテル鷗風亭

福山市鞆町鞆136

予約電話番号 **084-982-1123**

　瀬戸内の旬の食材を使用したお料理と大浴場、露天風呂からの瀬戸内海の絶景をお楽しみ下さい。

素材選びから、調理法にも技を凝らした味わいをゆっくりとお楽しみください　　食事処「海浬」は落ち着いた空間　　ダイニング舷

□**アクセス**／JR福山駅バス30分（シャトルバスあり※事前予約制）
□**営業時間**／ご昼食11:30〜14:30(L.O.平日13:30・土日祝14:00)、
　　　　　　　ご夕食18:00〜19:30開始(要予約)
□**定休日**／ご昼食は木曜日

記者の目 ホテルからの瀬戸内海の景色は心が洗われる。1日中見ていても飽きない。4つの多彩な食事空間で、瀬戸内の「旬」と「地産」にこだわった料理は最高。食事の後は、絶景露天風呂、大浴場で疲れが癒やされる。

免疫力向上リゾートホテルとしてリニューアルオープン

ホテル

ホテル 白竜湖リゾート

三原市大和町箱川4007-7

予約電話番号 **0847-34-0006**

　広島県のほぼ中央に位置する白竜湖の畔にたたずホテルです。 2022年3月に免疫力向上リゾートホテルとしてリニューアルオープンしました。「いつまでも健康で美しく」をコンセプトに癒し、運動、食事で心と体をリフレッシュできる施設としてご好評いただいております。

こだわりの食材と発酵食品で美味しく元気になる特別会席

御膳料理も人気です

お湯がいい部門広島県第1位の大岩風呂

□アクセス／JR河内駅から車で10分、広島空港から車で20分、
　　　　　　山陽道河内ICから車で25分、三原・久井ICから車で20分
□営業時間／館内レストラン　昼11:00〜14:30（L.O.14:00）、
　　　　　　　　　　　　　　夜17:30〜20:00（L.O.19:30）
□定休日／水曜日（祝日、祝前日は営業します）

記者の目
豊かな自然に囲まれた湖畔に佇む、和みの宿で、ゆっくり時が流れる感じがする。地産地消の食材の発酵食品を取り入れた免疫力向上コースは、絶品。4つの貸し切り風呂、大岩風呂、健康施設、プラネタリウム等で身体が癒やされる。

趣向を凝らした料理で季節を感じる

日本料理

松 風

東広島市西条町下見502-3

予約電話番号 **082-424-2228**

　日本の四季を感じて頂ける器、お料理、設えでご用意しております。
　食を通して日本の文化を知って頂きたい。

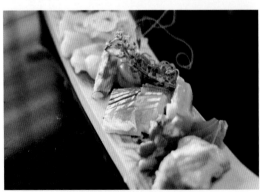
本格的な日本料理をお楽しみください

料理に合うお酒も揃えております

風情を感じるひと時を

□アクセス／JR西条駅から車で10分
□営業時間／[昼] 12:00〜14:30、[夜] 18:00〜22:00（完全予約制）
□定休日／日曜日、祝日

記者の目
古民家を改造した落ち着いた雰囲気のお店。予約が取りにくいですが、「隠れ家的」で接待には良いと思う。盛り付け方、器までこだわりがあり、見て楽しみ、食べて楽しむ事が出来る。コース料理のみ。

※ご予約はお電話で承ります。※店舗の予約状況により予約をお受けできない場合がございます。※当日キャンセルは100％のキャンセル料がかかります。一部店舗はキャンセル規定が異なりますので、必ずご確認ください。

品質の良い広島牛や和牛のステーキを提供しています

味味亭

広島市中区富士見町4-9 広越本社ビル3F

予約電話番号 **082-247-1129**

目の前でお焼きする最上質のお肉はやわらかく、ジューシーな旨みが広がります。お肉は自家製のあっさりしたポン酢でお召し上がりください。

提供させていただく和牛の原産地は当日店頭に表示しております

鉄板を囲んで至福の時間をお過ごしください

コース料理の他一品料理もございます

□**アクセス**／広島電鉄「中電前」徒歩8分、
　　広島電鉄「八丁堀」徒歩10分、JR広島駅から車で10分
□**営業時間**／昼11:00〜15:00、夜（平日・土）17:00〜23:00、
　　夜（日・祝日）17:00〜22:00
□**定休日**／毎週水曜日、第2火曜日（祝日は営業）

記者の目 広島牛指定店舗で、品質の良い広島牛や和牛ステーキを提供している鉄板料理のお店。カウンター席や個室風テーブル席があり、接待、家族の食事など幅広いニーズに対応しています。ヒロコシグループの店。

宿泊プランを多数ご用意しております。お問い合わせください

宮島グランドホテル 有もと

廿日市市宮島町364

予約電話番号 **0829-44-2411**

厳島神社から徒歩5分。広島産の新鮮な山海の幸をとり入れた本格的な懐石料理が自慢の宿。地元ガイドの案内による散策ツアーもお楽しみいただけます。歴史ある神の島、宮島にぜひお越しください。

神社側のモダンな洋室

本格京懐石料理を楽しんでいただけます

庭園を眺めながら美食を堪能できる空間

□**アクセス**／宮島桟橋よりマイクロバスにて送迎、当日要連絡
□**営業時間**／————　　□**定休日**／————
※G7広島サミットガイドブックが発行するサービス券をご利用の際は、1予約につき1,000円券1枚（ご宿泊の方限定）のみ、飲食など館内のサービスでご利用いただけます。

記者の目 創業400年、宮島で一番歴史のあるホテル。宮島厳島神社に一番近いことでも有名。総部屋数55室。広島牛と瀬戸内の海の幸が堪能できる懐石料理は絶品。庭園を眺めながら味わえるダイニング席や数寄屋造りの個室もある。

※ご予約はお電話で承ります。※店舗の予約状況により予約をお受けできない場合がございます。※当日キャンセルは100%のキャンセル料がかかります。一部店舗はキャンセル規定が異なりますので、必ずご確認ください。

コンセプトは"季節を感じられる心にも体にもやさしい料理"

ミル

広島市中区西白島町12-16

予約電話番号 **082-836-3600**

　広島で採れるものを中心にして、五感で味わっていただけるようにコースを組み立てています。親しい人の家に遊びに来たような"ほっとできる楽しい時間"をご提供できるように日々心掛けています。

"その時季に食べておいしい"がテーマ。全体でひとつの料理になるようにコーススタイルでご提供しています

□アクセス／JR新白島駅徒歩3〜4分、アストラムライン「城北」「新白島」
　徒歩3〜4分、広島電鉄白島線「白島」徒歩7〜8分
□営業時間／11:30〜14:00（最終入店12:30）、
　18:00〜21:00（最終入店18:30）
□定休日／水曜日、他不定休有

記者の目 中区西白島町にあるフレンチレストラン。建物は住宅街の民家を改装したお店。常に生産者に感謝の気持ちを込めており、ランチ、ディナー共にコース料理のみ。ほっとした楽しい時間を提供してくれる。

すすぎ鍋は八雲の名物料理です。秘伝のごまだれが評判です

民芸食事処 ひろしま八雲

広島市中区富士見町4-9 広越本社ビル1・2F

予約電話番号 **082-244-1551**

　名物「すすぎ鍋」をはじめ、瀬戸内の小魚料理が評判。
　民芸調の落ち着いた雰囲気の中、着物姿の女性がおもてなしいたします。

2階の掘りごたつの間

1階は広々とした椅子席です

個室も完備しております

□アクセス／広島電鉄「中電前」徒歩8分、
　広島電鉄「八丁堀」徒歩10分、JR広島駅から車で10分
□営業時間／昼11:00〜15:00、夜（平日・土）17:00〜23:00、
　夜（日・祝日）17:00〜22:00
□定休日／毎週火曜日および第2月曜日（祝日は営業）

記者の目 昭和38年に開業したヒロコシグループの和食店。広島の和食、ここでしか味わえないすすぎ鍋をはじめ、郷土料理、広島の旬の食材、地酒を取り揃えている。1階は2〜40名利用椅子席、2階には掘り炬燵席がある。

※ご予約はお電話で承ります。※店舗の予約状況により予約をお受けできない場合がございます。※当日キャンセルは100%のキャンセル料がかかります。一部店舗はキャンセル規定が異なりますので、必ずご確認ください。

広島の郷土料理、地物・瀬戸内海の旬の食材でおもてなしいたします

日本料理

民芸食事処 八雲流川店

広島市中区流川町1-24 第2味の館ビル1〜3F

予約電話番号 **082-243-4500**

名物「すすぎ鍋」をはじめ、瀬戸内の小魚料理が評判。四季折々の多彩な味わいを着物姿の女性がおもてなしいたします。

お待ち合わせに、気取らないご会食にぴったりのカウンター席

個室も完備しています

広々としたテーブル席 ぐゆったりとお過ごしいただけます

□**アクセス**／広島電鉄「胡町」徒歩3分、JR広島駅から車で6分
□**営業時間**／昼11:00〜15:00、夜17:00〜23:00
□**定休日**／毎週日曜日、
第1月曜日（月曜日が祝日の場合、日曜日営業・月曜日定休）

記者の目 ひろしま八雲店の姉妹店。ここでしか味わえないすすぎ鍋「しゃぶしゃぶ」をはじめ本店同様、広島の郷土料理、広島の旬の食材に拘った御膳料理が楽しめる。カウンター席、テーブル個室など、様々な席がある。

我が家のようなおもてなしを

イタリア料理

ラ・セッテ

広島市中区広瀬北町2-28 リバージュ広瀬北1F

予約電話番号 **082-297-1207**

自社栽培の野菜と県内産の食材を中心とし、イタリアピエモンテ州の郷土料理をベースとした料理を提供させて頂いています。

是非広島でしか味わうことが出来ないイタリア料理をご賞味下さい。

真心を込めたお料理とリラックスできる空間です

アニョロッティ

前菜盛り合わせ

□**アクセス**／JR横川駅徒歩10分
□**営業時間**／Lunch11:30〜14:00（L.O.）、
Dinner18:00〜20:30（L.O.）
□**定休日**／月曜日・第2、第4火曜日（祝日の場合は翌日）

記者の目 オーナーがイタリア研修後開業した本格的なイタリア料理店。全国から新鮮な野菜類、瀬戸内海の魚介、九州産黒毛和牛を使用した身体にやさしい料理を提供している。記念日、接待、ウエディングパーティーにも向いている。

※ご予約はお電話で承ります。※店舗の予約状況により予約をお受けできない場合がございます。※当日キャンセルは100%のキャンセル料がかかります。一部店舗はキャンセル規定が異なりますので、必ずご確認ください。

趣きのある個室でゆっくりと料理が味わえる

料亭 羽田別荘
広島市中区舟入町8-40

予約電話番号 **082-231-2018**

　明治33年の創業以来、四季折々の風情が薫る庭園と豊かな海の幸を吟味した会席料理をお楽しみ頂いております。
　大切な方との会食にご利用ください。

日本家屋ならではの清楚な佇まい

旬の味覚を心ゆくまでご堪能ください

□**アクセス**／広島電鉄「舟入町」駅徒歩2分
□**営業時間**／ご予約による
□**定休日**／不定休

記者の目　創業明治33年で、広島随一の歴史を誇る老舗料亭。四季折々に多彩な表情を見せる庭をながめながら、瀬戸内の食材にこだわった懐石料理が楽しめる。商談や接待、結納、披露宴などの利用もできる。

ミシュラン広島 一つ星獲得

ル・ジャルダン グルマン
広島市西区古江東町11-35

予約電話番号 **082-274-4010**

　多数の生産者から直接仕入れる食材で四季折々の料理が楽しめるフランス料理店。
　ゆったりとした店内で豊富なワインも楽しめます。

自家菜園の野菜やハーブを使った一皿

ワインと一緒に至高のひと時を

厳選した食材を使った料理をお楽しみください

□**アクセス**／広島電鉄「古江」徒歩5分
□**営業時間**／Lunch12:00〜15:00、Dinner18:00〜22:30
□**定休日**／毎週火曜日、水曜日

記者の目　ミシュラン広島一つ星を獲得。スイス、フランスで3年間修行し、帰国後開業された。自家菜園で採れる野菜類、地元や各地の生産者を通して厳選した食材を使用したコース料理を堪能できるフランス料理店。

鮮やかな野菜を使ったフレンチでパーティや宴会はいかが

フランス料理

ル・トリスケル

広島市中区幟町5-17

予約電話番号 **082-511-5031**

　広島高級住宅街幟町にあるビル二階、食通ならば知らない人はいない程、有名なレストランです。食材もその季節の最高な物を仕入れています。個室あり、ベジタリアン、お子様メニュー、カロリー控えめなどの要望可能なレストランです。

落ち着いた雰囲気の店内で完全個室も完備しています

独創的革新的そしてクラシックなフレンチをご提供

フレンチとワインが楽しめるレストランです

□アクセス／広島電鉄「銀山町」徒歩5分
□営業時間／ランチ11:45〜15:00、ディナー18:00〜22:00
□定休日／日曜日

記者の目 IKA世界料理オリンピックで銅メダルを獲得。ブルターニュのフランス版ミシュランガイド二つ星「パトリック・ジェファロ」のエスプリを受け継ぎ、繊細で大胆なコースを提供している。広島を代表するフレンンチレストラン。

クラシカルな落ち着きのある雰囲気で料理をお楽しみください

フランス料理

ル・ミロワール

福山市宝町3-20　ダイアパレス宝町1F

予約電話番号 **084-922-5822**

　瀬戸内の魚介類と厳選された食材を使ったフレンチのコースとホスピタリティをお楽しみください。

素材の旨味を引き出したフレンチを「シェフのおまかせコース」でご提供いたします

□アクセス／JR福山駅徒歩5分
□営業時間／ランチ12:00〜15:00、ディナー18:00〜22:00
□定休日／月曜日、火曜日

記者の目 広島県福山市にある本格的なフレンチレストラン。メニューは、ランチ、ディナー共にお任せコースのみ。和の食材にもこだわっており、盛り付けの美しさは、味と共に素晴らしい。ミシュラン広島一つ星も獲得している。

厳選したこだわりの和牛を秘伝のタレでお楽しみください

個室は最大16名までご利用いただけます

焼肉

和牛あみ焼き会席　シズラー

広島市中区富士見町4-9　広越本社ビル4F

予約電話番号 **082-242-4129**

落ち着いた雰囲気の店内と極上和牛のおもてなし。
おなじみの部位から希少部位まで、こだわりの和牛を秘伝のタレでお楽しみください。

極上和牛のおもてなし

和牛炙り握りなど一品料理も充実

□アクセス／広島電鉄「中電前」徒歩8分、
　広島電鉄「八丁堀」徒歩10分、JR広島駅から車で10分
□営業時間／昼11:00〜15:00、夜(平日・土)17:00〜23:00、
　(日・祝)17:00〜22:00
□定休日／毎週木曜日・第2水曜日(祝日は営業)

記者の目
1972年に開業した、一度食べると記憶に残るあみ焼きレストラン。極上の和牛を厳選し、こだわりの和牛を秘伝のタレで楽しめる。オープンテーブル席や個室もある。ヒロコシグループの店舗。

風情を感じながら旬の味覚をお楽しみください

情緒ある囲炉裏の間

日本料理

和菜亭　次郎丸

東広島市西条町下見1076-1

予約電話番号 **082-423-7556**

江戸末期に建てられた旧財満邸を改装させた『次郎丸』。
幕末の息吹を残す店内で、旬の味覚に舌鼓を！
接待や会食、お祝いの席に、ぜひご利用くださいませ。

郷土料理「美酒鍋」や旬の料理をお楽しみください

新館は完全個室

□アクセス／JR西条駅から車で約10分
□営業時間／火曜日11:00〜15:00、
　水〜日、祝日、祝前日11:00〜15:00、17:30〜21:00
□定休日／月曜日、火曜日夜

記者の目
古民家風の建物で、落ち着いた雰囲気の中、ゆっくり食事を堪能することができる。料理も食材や盛り付けにこだわりがあり、高級感溢れる料理が楽しめる。肉鍋会席は絶品。

※ご予約はお電話で承ります。※店舗の予約状況により予約をお受けできない場合がございます。※当日キャンセルは100%のキャンセル料がかかります。一部店舗はキャンセル規定が異なりますので、必ずご確認ください。

和食堂 鞆の浦

福山市三之丸町8-16　福山ニューキャッスルホテルB1F

予約電話番号 **084-922-2140**
（予約係）

客席は枯山水を中心に椅子席と座敷に分かれています

情緒あふれる和のしつらえの中、旬の食材を使用した日本料理をお楽しみください。

掘りごたつのお座敷やホテル最上階個室もございます（5名様以上から事前予約制）。

奥座敷6部屋（全て個室）内1部屋は洋室

福山郷土料理「鯛うずみ」 ¥1,800

（昼定食）「賑わい玉手箱」 ¥2,100

□**アクセス**／JR福山駅徒歩2分
□**営業時間**／[朝食]7:00～10:00、[昼食]11:30～14:30、[夕食]17:00～21:00
□**定休日**／年中無休

記者の目
福山ニューキャッスルホテルの地下1階にある和食料理店。福山の郷土料理「うずみ飯」、旬の食材を吟味し、匠の技で調理した昼定食や会席など幅広い献立で、家族連れにも評判の良いお店。

※ご予約はお電話で承ります。※店舗の予約状況により予約をお受けできない場合がございます。※当日キャンセルは100％のキャンセル料がかかります。一部店舗はキャンセル規定が異なりますので、必ずご確認ください。

G7広島サミットガイドブック名店探訪掲載基準について

　広く広島の料理を知っていただくため、本誌名店探訪の掲載基準は下記項目より7つ以上該当する店舗より厳選しました。
1.10年以上の歴史があること　2.店舗に調理師、または調理技能士が在籍していること　3.食品衛生協会に加入していること　4.広島県料理業生活衛生同業組合の組合員であること　5.国、県、協会からの受賞歴があること　6.新型コロナウイルス感染症対策取組宣言店であること　7.完全個室があること　8.広島県、市推奨の食材を献立に入れていること　9.広島県料理業生活衛生同業組合組合員の推薦があること　10.HACCP（ハサップ）等、食品管理体制がなされていること

G7広島サミットガイドブック金券のご利用についての注意事項

※G7広島サミットガイドブック制作委員会が発行する金券。デザインなど変更する場合があります。

　G7広島サミットガイドブック制作委員会の発行する金券は**128P～156Pに掲載している55店舗でご利用**いただけます。

■有効期限がありますので、期限内にご利用ください。期限の過ぎた金券はご利用いただけません。

■ホテル等では、同施設内でもご利用いただけない店舗もあります。また、金券の利用制限がある場合もございます。ご使用に際しては、事前に店舗へご確認ください。

■金券は現金への引き換えはできません。また、おつりをお渡しできませんので、ご注意ください。

■盗難、紛失などに関して、G7広島サミットガイドブック制作委員会はその責任を負いません。また、再発行もできませんので、予めご了承ください。

■店舗により他のクーポンなどのサービスと併用できない場合があります。事前に店舗へご確認ください。

■店舗の都合により予告なくご利用いただけなくなる場合がありますので、ご利用の際は事前に店舗へご確認ください。

広島平和記念公園対岸
元安橋たもとのオープンカフェ

「カフェ・ポンテ」

*Open cafe on the opposite bank
of Hiroshima Peace Memorial Park
Caffè Ponte*

食材にこだわった本格イタリア料理を提供するお店。こだわりの広島県産のカキを使用した料理や、ピザ窯で焼き上げる自家製のピッツァ、搾りたてのオレンジジュースなど、ここでしか味わえない逸品ばかり。ヴィーガンメニューやグルテンフリーメニューもあり、幅広い客層に対応している。

白いパラソルと山積みのオレンジが目を引く開放的なテラス席と、落ち着いた雰囲気の店内。気分に合わせて選んでみては。どちらもロケーションは抜群だ。

*Cafe ponte is an Italian cafe restaurant,which provides oyster dishes from Hiroshima Prefecture, homemade pizza, freshly squeezed orange juice, and more. Vegan and gluten-free menus are also available.
There are seats on the terrace and inside.
Both are excellent locations.*

広島県産の牡蠣を味わう
Oysters from Hiroshima

広島県産のカキを使った料理が豊富。人気料理の一つが「焼きガキのエスカルゴ風」。その他、白ワイン蒸し、アヒージョ、ピザ、パスタなども。

名物

搾りたてのオレンジジュース
Fresh Squeezed orange juice

オレンジを3個使った、オレンジジュース。注文を受けてからつくるので、搾りたてを楽しむことができる。カフェ・ポンテの名物だ。テイクアウトもできる。

特別な日には
オマールエビを
Fresh Lobster

「活オマールエビの漁師風」は、パスタ仕立てとスープ仕立ての2種類。新鮮なオマールエの旨味とぷりぷりの食感を楽しんでみては。

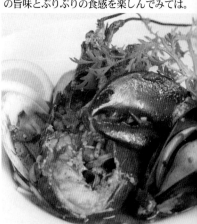

店舗情報 *Information*

イタリアン カフェレストラン *Caffè Ponte* カフェ・ポンテ

広島市中区大手町1丁目9番21号
9-21,1-chome,Ote-machi,Naka-ku Hiroshima

TEL.082-247-7471

https://www.caffeponte.com

営業時間 *Open hours*

平　日 *Weekday* 10:00〜22:00
※8/1〜8/31 8:00〜22:00

土日祝 *Weekend* 8:00〜22:00

店長　吉田 武雄
Manager Takeo Yoshida

川沿いの絶好のロケーションで、厳選した旬の食材を使ったイタリア料理をお楽しみください。広島ならではのカキ料理をはじめ、アラカルトやスイーツ、ドリンクなども充実しています。心を込めておもてなしします。

夢を形に

広島の元気な企業、岩本工機株式会社。
ものづくり、メンテナンスの知恵と
技術力で省力化、省人化を提案、
「夢」を形にしたより良い商品を
提供するのが弊社の心からの
おもてなしです。
地元の活力を生かし、躍進する――。
「社員・家族を守る」をモットーとした
会社です。

本社外観

空の玄関にてお出迎え　※写真は広島の空の玄関、広島空港に設置されている広告塔と代表取締役岩本義明

工場内展示会の様子

作業風景

「夢」を売る人間が「夢」を抱き続けなければ「お客様に納得し、満足していただけない」という信念のもと、お客様の「夢」を実現するために、岩本工機㈱の製品能力に直接触れ、使用していただきたい。「製品」というより「夢」をお客様に売ることを最優先に考える。これこそが、私たちが強く願っている「想い」なのです。

岩本工機株式会社

一般建設業 許可番号 広島県知事許可(般-2)第33602号(鋼構造物工事業、とび土工工事業)
http://iwamotok.co.jp/

本社・工場／〒731-3168　広島市安佐南区伴南二丁目4-33（西風新都セントラルシティ）
　　　　　　TEL.(082)848-4000代　FAX.(082)848-4127
名古屋営業所／〒457-0862　愛知県名古屋市南区内田橋1-25-2（㈱小森安全機研究所内）
　　　　　　　TEL.(052)693-6073　FAX.(052)693-6074
小倉営業所／〒802-0004　福岡県北九州市小倉北区鍛冶町1-1-1（北九州東洋ビル5階）
　　　　　　TEL.050-6875-0413

私たちは100年企業を目指します

場所、サイズ、形状を問わず、目の前の構造物を

自由自在に加工（穴を開け、削り、切断する）する私たちの技術は、

日本のみならず世界各国の土木、建築現場で活用され、

インフラ環境整備に貢献しています。

メーカー部門　発研グループ

土木・建設工事・インフラ整備に欠かせない建設機械
およびダイヤモンド工具の建設機械製造・販売

※ブランドロゴ ≡Hakken≡

特殊施工部門　工事グループ

コンクリートを中心とする構造物の切断、
穿孔などを「無振動＆低騒音」で特殊施工をし、
インフラ整備に寄与

商社部門　販売グループ

建設機械や資材、工具はもちろん、
住宅機器やオフィス用品、生活関連品等を販売

国内外10社のグループ会社と共にグローバルネットワークを構築

《グループ会社》

北斗電気工業株式会社（制御盤システム構築）
株式会社サンライフ（介護サービス）
株式会社デンサン（ソフトウエア開発）
山陰建設サービス株式会社（コンクリート構造物特殊工事）
建設サービス島根株式会社（コンクリート構造物特殊工事）

株式会社木戸ボルト（金物、ボルト等販売）
ダーリン産業株式会社（制御盤塗装）
南通康賽克工程工具有限公司（ダイヤモンド切削機器製造）
南通康賽克半導体工具有限公司（ダイヤモンド消耗品製造）
祥建企業股份有限公司（台湾における製品卸売り）

SUSTAINABLE DEVELOPMENT GOALS

国連が提唱する「持続可能な開発目標（SDGs）」に賛同し、
持続可能な社会の実現に努めています。

 株式会社コンセック

本社：広島県広島市西区商工センター4丁目6-8
TEL：082-277-5451

会社HP

会社紹介動画

ひろしま銘菓

川通り餅

御菓子処 亀屋

本店 〒732-0052 広島市東区光町 1-1-13 TEL：082-261-4141(代表)

牡蠣殻から生まれた除菌剤

かきがら

kakirara は、
ウイルス・細菌を
99.96％除菌することが
実証されました。※1

※1 すべての菌やウイルスに対して効果があるわけでなありません。

環境に優しく・安心・安全
天然素材１００％除菌剤

Safe and secure disinfectant by 100% natural material

kakirara〔カキララ〕は広島県の名産物である牡蠣の殻から
つくられる天然素材１００％のオーガニック除菌剤です。塩素
や次亜塩素酸ナトリウムを用いた一般的に販売されている商品
よりも効能の持続性が長く、異臭や発がん性物質も出しません。
野菜や果物といった食物の洗浄から調理器具やベビー用品など
衛生面が気になる身の回りの物の除菌まで、幅広く安心してお
使いいただけます。

成分：牡蠣貝殻カルシウム・水 / 性状：アルカリ性水溶液

kakirara
天然牡蠣殻 100％除菌剤

G7広島サミット 平和への祈り

Sending out a message of prayers

「心の中に平和の砦を」

　G7広島サミットでは、核保有国を含む主要国の首脳には、被爆の実相への理解を深めるとともに、核兵器のない平和な世界を願う「ヒロシマの心」をしっかりと受け止めていただきたいと思います。そして、国民の生命や財産を守るためには、核兵器をなくす以外に根本的な解決は見出せないという認識を共有し、広島の地から「核兵器のない世界」の実現に向けた揺るぎない決意を発信していただきたいと願っています。

　そして、広島から発信された平和のメッセージを通して世界中の方々には、ユネスコ憲章にある「戦争は人の心の中で生まれるものであるから、人の心の中に平和の砦を築かなければならない」ということを心に留めていただき、共に真に平和な世界の実現を目指していきましょう。

広島市
松井一實市長

クラウドファンディングにご支援いただいた方の氏名

※掲載は支援受付順

永谷　弘（広島県）
Nagatani Hiroshi(Hiroshima)

道田　昌吾（大阪府）
Michida Shogo(Osaka)

ジュリアン・ベイショア（アメリカ）
Julian Bashore(United States of America)

川田　昭司（広島県）
Kawada Shoji(Hiroshima)

盛林　優（東京都）
Moribayashi Masasu(Tokyo)

森口　美奈（京都府）
Moriguchi Mina(Kyoto)

萩原　康生（広島県）
Hagihara Yasuo(Hiroshima)

京都 森口観光タクシー　代表 森口 健吾（京都府）
Moriguchi Kengo(Kyoto)

山原　丈佳（広島県）
Yamahara Takeyoshi(Hiroshima)

藤田　寛治（広島県）
Fujita Kanji(Hiroshima)

柳原　琢馬（埼玉県）
Yanagihara Takuma(Saitama)

株式会社FSC　生武　誠（広島県）
Ikitake Makoto(Hiroshima)

星野　晴香（愛媛県）
Hoshino Haruka(Ehime)

手塚　孝志（広島県）
Tezuka Koji(Hiroshima)

を込めたメッセージ

for world peace from Hiroshima

広島県薬業　吉村　元亨（広島県）
Yoshimura Genko(Hiroshima)

ひろせ水産　園田　勝宏（広島県）
Sonoda Katsuhiro(Hiroshima)

佐久間　康治朗（広島県）
Sakuma Kojiro(Hiroshima)

有吉　拓哉（広島県）
Ariyoshi Takuya(Hiroshima)

竹野下　真一（広島県）
Takenoshita Shin-ichi(Hiroshima)

本間　靖規（神奈川県）
Honma Yasunori(Kanagawa)

堤　博之（広島県）
Tsutsumi Hiroyuki(Hiroshima)

名越　充（広島県）
Nagoshi Mitsuru(Hiroshima)

内藤　博之（広島県）
Naito Hiroyuki(Hiroshima)

橋口　直樹（広島県）
Hashiguchi Naoki(Hiroshima)

宮岡　睦尚（広島県）
Miyaoka Mutsuhisa(Hiroshima)

木村　芳郎（広島県）
Kimura Yoshiro(Hiroshima)

アクト中食株式会社（広島県）
(Hiroshima)

藤川　優太（広島県）
Fujikawa Yuta(Hiroshima)

株式会社リルファンプラス、シルバーキッチン（広島県）
(Hiroshima)

福田　裕規（大阪府）
Fukuda Yuki(Osaka)

宇山　拓弥（広島県）
Uyama Takuya(Hiroshima)

クラウドファンディングにご支援いただいた方のメッセージと氏名
※掲載は支援受付順

世界の恒久平和の実現を心から祈っています。
　佐渡　哲洋（広島県）　Sado Tetsuhiro(Hiroshima)

世界中が平和で満ち溢れ、幸せに暮らせる世界を願います。
　株式会社アイオイ保険センター（広島県）　(Hiroshima)

広島から世界平和を。
　有限会社アリクデザインスタジオ（広島県）　(Hiroshima)

広島の地より世界平和をお祈り申し上げます。
　株式会社白菱　代表取締役　福永　誠一（広島県）　Fukunaga Seiichi(Hiroshima)

ひとりひとりが幸せに過ごせる社会を作っていこう！
　川上　博章（広島県）　Kawakami Hiroaki(Hiroshima)

G7広島サミット　平和への祈り

Sending out a message of prayers

広島から平和の灯が世界に広がり、恒久平和の大きな灯となりますように。
　　株式会社都市ビルサービス（広島県）　(Hiroshima)

戦争の無い平和な世界が訪れますように。
　　佛蘭西屋（広島県）　(Hiroshima)

世界が平和で、全ての人が幸福に暮らせるように！
　　岡田　雄幸（広島県）　Okada Yuko(Hiroshima)

世界平和原点の地から核廃絶の祈りを込め、成功を御祈りします。
　　輝く岡山の歴史文化と未来を語る会　代表世話人　稲田　健三（岡山県）　Inada Kenzo(Okayama)

約束しよう戦争無き平和な世界、届けよう子供達へクリーンな地球。
　　株式会社ミツトヨ　広島統括部長　佐藤　誠（栃木県）　Sato Makoto(Tochigi)

世の中が一日も早く再生する事を祈ります。
　　今から先への医療合同会社　酒井　康雄（大阪府）　Sakai Yasuo(Osaka)

無益な戦争は悲劇を生むだけなので全世界の人々がずっと平和で暮らせますように。
　　大竹　希（大阪府）　Otake Nozomu(Osaka)

広島で開催される意味。G7 広島サミットが世界平和の礎となりますように。
　　森　忠相（広島県）　Mori Tadasuke(Hiroshima)

絶やすことのない反核、平和メッセージを発信し続ける。
　　伊藤　京三（広島県）　Ito Kyozo(Hiroshima)

不安もなく平凡に暮らせる幸せな日が全ての人に届きますように。
　　ナウ・エージェンシー（広島県）　(Hiroshima)

世界中の人々が平和に暮らせる世の中に向けて、みんなで力を合わせましょう!!
　　広島エアポートホテル（広島県）　(Hiroshima)

大切な人が平和で過ごせる世の中を願います！
　　西山　雅仁（広島県）　Nishiyama Masahito(Hiroshima)

世界の人々が安心して笑顔で暮らせますように。
　　芸陽バス株式会社（広島県）　(Hiroshima)

を込めたメッセージ
for world peace from Hiroshima

戦争のない平和で全人類が共存できる世界になりますように。
　　川口　優（広島県）　Kawaguchi Suguru(Hiroshima)

私は毎日これからの時代に向けて成長をしている子どもたちと関わっています。この子どもたちが、この国（日本）の過去に於けるアヤマチと悲惨な事実を知り、未来に向けて、決して争いの無い世界となっていくように、日々学びと祈りを続けていきたいと思っています。
　　奥内　博之（広島県）　Okuuchi Hiroyuki(Hiroshima)

戦争の悲惨さを忘れないよう広島から平和を祈ります。
　　株式会社植田商店　代表取締役　植田　卓（広島県）　Ueda Suguru(Hiroshima)

戦争が無くなり、地球の明日を担う子供たちに明るい未来を。
　　東広島ウエストライオンズクラブ（広島県）　(Hiroshima)

広島から平和へのメッセージが世界に広がり、恒久平和の大きな灯となりますように。
　　東広島 21 ロータリークラブ（広島県）　(Hiroshima)

被爆地広島から世界の平和と安定に向けて意義深いメッセージが発信されることを切に願います。
　　畑石　沙織（神奈川県）　Hataishi Saori(Kanagawa)

同じ被爆地として長崎から世界平和を祈ってます。
　　ちとせ鮨　勢戸　孝幸（長崎県）　Seto Takayuki(Nagasaki)

皆が安心して暮らせる核兵器も戦争もない平和な世界を望みます。
　　株式会社サニクリーン中国（広島県）　(Hiroshima)

世界中が平和で満ち溢れ、幸せに暮らせる世界を願います。
　　一般社団法人　全日本司厨士協会　中国地方本部広島県本部東広島備北支部（広島県）　(Hiroshima)

支部長	金子　貴　Kaneko Takashi	副支部長	内藤　勇三　Naito Yuzo
副支部長	笹木　謙吾　Sasaki Kengo	幹事長・事務局長	大久保　謹市　Okubo Kin-ichi
副幹事長	川田　昭司　Kawada Shoji	副幹事長	青木　文範　Aoki Fuminori
相談役	石藤　敏　Ishitou Satoshi	相談役	藤原　修二　Fujiwara Shuji
組織強化部長	金清　浩樹　Kanekiyo Hiroki	組織強化副部長	大田　豊　Ota Yutaka
事業部長	上岡　幹樹　Kamioka Hiroki	総務部長	生武　誠　Ikitake Makoto
会計監査	石風呂　明紀　Ishiburo Akinori	総務副部長	大下　博隆　Oshita Hirotaka

被爆 2 世の立場から、核の全廃を願っております。
　　島崎　一郎（広島県）　Shimazaki Ichiro(Hiroshima)

平和への祈り

Sending out a message of prayers

戦争のない平和な社会の実現を広島から祈っています。

光元設備工業株式会社（広島県）　(Hiroshima)

みんなが笑顔で暮らせる永久に平和な世の中でありますように！

株式会社上垣組（広島県）　(Hiroshima)

日々、世界平和と人類の安寧を願っています。

有限会社五ェ門　蔵原　春利（広島県）　Kurahara Harutoshi(Hiroshima)

被爆都市広島に生まれた一人の人間として、永遠の平和を祈ります。

長尾　啓司（広島県）　Nagao Keiji(Hiroshima)

未来へ届け…祈り。

須賀　隆（広島県）　Suga Takashi(Hiroshima)

恒久平和実現へ広島からの小さな灯が、世界に広がり大きな灯となります様に！

日興ホーム　代表取締役　鳴脇　誠二（広島県）　Naruwaki Seiji(Hiroshima)

世界の平和の実現を広島から一歩一歩進めましょう‼

西条ロータリークラブ（広島県）　(Hiroshima)

今谷　敏彦	Imatani Toshihiko	岩井　勝利	Iwai Katsutoshi
岩森　亮治	Iwamori Ryoji	宇治木　三太郎	Ujiki Santaro
奥本　哲之	Okumoto Tetsushi	勝坂　省吾	Katsusaka Shogo
金好　康隆	Kaneyoshi Yasutaka	川口　伸二	Kawaguchi Shinji
川﨑　洋史	Kawasaki Hirofumi	木村　優一	Kimura Yuichi
木村　有壯	Kimura Yuso	河内　真	Kouchi Makoto
小早川　清	Kobayakawa Kiyoshi	小松　節子	Komatsu Setsuko
佐々木　正博	Sasaki Masahiro	島　靖英	Shima Yasuhide
新開　洋一	Shinkai Yoichi	菅生　一郎	Sugao Ichiro
角　享	Sumi Toru	高橋　達也	Takahashi Tatsuya
高原　良彦	Takahara Yoshihiko	竹内　紀夫	Takeuchi Norio
武島　靖爾	Takeshima Seiji	竹中　大道	Takenaka Daido
竹野下　真一	Takenoshita Shin-ichi	土井　満	Doi Mitsuru
内藤　智幸	Naito Tomoyuki	平賀　弥泉	Hiraga Misen
廣幡　勝祐	Hirohata Masahiro	藤井　敏和	Fujii Toshikazu
藤本　洋治	Fijimto Yoji	藤原　昭典	Fujiwara Akinori
本田　逸男	Honda Itsuo	前垣　壽男	Maegaki Hisao
松重　宏治	Matsushige Koji	松村　知憲	Matsumura Tomonori
松原　善行	Matsubara Yoshiyuki	村上　和秀	Murakami Kazuhide
森　哲也	Mori Tetsuya	安本　政基	Yasumoto Masaki
山田　謙慈	Yamada Kenji		

を込めたメッセージ

for world peace from Hiroshima

平和な世界を築くのは一人ひとりの平和を願う気持ちからです。広島から平和のメッセージを発信し続けましょう‼

一般社団法人　広島県日本調理技能士会（広島県）(Hiroshima)

名誉会長	佐々木　政之	Sasaki Masayuki	会長	川村　満	Kawamura Mitsuru
副会長	田中　登	Tanaka Noboru	副会長	好本　和夫	Yoshimoto Kazuo
副会長	加藤　隆宏	Kato Takahiro	副会長	神中　稔	Kaminaka Minoru
幹事長	戸田　豊	Toda Yutaka	副幹事長	冨岡　正彦	Tomioka Masahiko
副幹事長	玉平　君生	Tamahira Kimio	副幹事長	寺戸　宏明	Terado Hiroaki
副幹事長	藤井　義弘	Fujii Yoshihiro	副幹事長	善　勝利	Zen Katsutoshi
副幹事長	西山　良幸	Nishiyama Yoshiyuki	副幹事長	野中　隆雄	Nonaka Takao
幹事	波多野　堅士	Hatano Kenji	幹事	今岡　貴志	Imaoka Takashi
幹事	品川　礼	Shinagawa Rei	幹事	白江　浩二	Shirae Koji
幹事	長尾　知	Nagao Tomo	幹事	清水　誠	Shimizu Makoto
幹事	刀根　義人	Tone Yoshito	幹事	上條　洋徳	Kamijo Hironori
幹事	木下　哲也	Kinoshita Tetsuya	理事長	下原　一昇	Shimohara Kazuaki
専務理事	高山　和典	Takayama Kazunori	専務理事	川村　弘	Kawamura Hiroshi
副理事長	池田　将訓	Ikeda Masanori	理事	森田　寿文	Morita Hisafumi
理事	善岡　章	Yoshioka Akira	理事	村田　照夫	Murata Teruo
理事	田中　有美	Tanaka Ami	理事	永井　敬樹	Nagai Hiroki
理事	池田　佳幸	Ikeda Yoshiyuki	統括運営本部長	内藤　勇三	Naito Yuzo
監事	藤田　寛治	Fujita Kanji	事務局長	石風呂　明紀	Ishiburo Akinori
幹事	松岡　正巳	Matsuoka Masami	幹事	山本　誠	Yamamoto Makoto
理事	川崎　正太	Kawasaki Shota			

世界中の人々がいつも笑顔でいられますように。

一般社団法人　東広島青年会議所　（広島県）(Hirosahima)

有限会社　寿緑化

司法書士　佐渡哲洋

株式会社　N-style

株式会社　ひまわり石材

有限会社　マルイチ商店

有限会社　東広島住宅建材

蓮池工務店

宮崎神社

株式会社ニッセイ不動産　川崎雅博

宗教法人　真言宗　蓮臺山龍玄院

有限会社　乗越造園

株式会社　オールワンエージェント　吉村一平

世界中から「嫌だ」と思う出来事が全て無くなりますように‼

株式会社柚建築工房　柚本　清次（東京都）Yumoto Seiji(Tokyo)

G7広島サミット 平和への祈り

Sending out a message of prayers

世界がお互いを尊重し、戦争が無くなりますように。
村上　和秀（広島県）　Murakami Kazuhide(Hiroshima)

食から平和を。
内藤　勇三（広島県）　Naito Yuzo(Hiroshima)

戦争をなくそう。
生武　誠（広島県）　Ikitake Makoto(Hiroshima)

ウクライナ情勢緊迫化の中、核兵器使用の懸念が日に日に高まっている。被爆地広島でサミットを開催する以上、各国首脳は原爆資料館を訪れるなどして核兵器の非人道性を肌で感じてほしい。岸田文雄首相には、リーダーシップを発揮し核廃絶への具体的なメッセージの発信を期待したい。
大西　俊章（鳥取県）　Onishi Toshiaki(Tottori)

飢えや虐待に苦しむ子供たちがいなくなりますように。
津田　衛（大阪府）　Tsuda Mamoru(Osaka)

戦争がなくなりますように。
中浜　真一（広島県）　Nakahama Shin-ichi(Hiroshima)

広島から世界に笑顔の平和を。
西日本リネンサプライ株式会社（広島県）　(Hiroshima)

Shalom!
アイフィットさいき葬祭（広島県）　(Hiroshima)

大切な人と一緒に平和で安心して過ごせる社会に向けて、みんなで力を合わせましょう。
葵会グループ　新谷　幸義（千葉県）　Shintani Takayoshi(Chiba)

世界の人々が平和で安心して暮らせる世界が早く実現します様に。
片田　厚生・悦子（広島県）　Katada Atsuo , Etsuko(Hiroshima)

戦争や飢え・虐待に苦しむ子供たちがいなくなり、笑顔で暮らせる世界になりますように!!
東広島ロータリークラブ（広島県）　(Hiroshima)

歩いて平和を伝えよう！
広島県ウォーキング協会会長　渡部　和彦（広島県）　Watanabe Kazuhiko(Hiroshima)

ひとりひとりの幸せが、みんなの幸せにつながる世界に。
株式会社ほっかほっか亭総本部　代表取締役　岩嵜　智彦（大阪府）　Iwasaki Tomohiko(Osaka)

を込めたメッセージ

for world peace from Hiroshima

自分を変え、組織を変え、まちを変え、世界を変える。

東広島青年会議所は、若きリーダーの国際的ネットワークを先導する組織である JCI の一員として、ひとづくり・まちづくりを通じて、世界平和の実現に貢献します。

JCI Mission

To provide leadership development opportunities that empower young people to creative positive change.

青年会議所は、青年が社会により良い変化をもたらすためにリーダーシップの開発と成長の機会を提供する。

JCI Vision

To be the foremost global network of young leaders.

青年会議所が、若きリーダーの国際的ネットワークを先導する組織となる。

JCI は、世界中に 17 万人以上の志高き青年経済人が所属する世界最大級の青年団体です。
東広島青年会議所は、共に活動する 20 歳から 40 歳までの仲間を募集しています。

東広島青年会議所 2023 年度 スローガン

Colorful 2023

彩り溢れる組織と国際色豊かなまちの創造

JCI Junior Chamber International Higashihiroshima
一般社団法人 東広島青年会議所

事務局：〒739-0014
広島県東広島市西条昭和町 17 番 23 号　－2023 年度 理事長 佐渡哲洋－

171

平和への祈りを込めたメッセージ

Sending out a message of prayers for world peace from Hiroshima

「平和を希求し世界へつなげる」

G7首脳会合において、平和と世界の相互協力が議論され世界が手を取り合い前進するための話し合いがされます。

日本では平和が78年の間続いていますが、世界ではいまだ戦争や紛争が頻発しております。わが国および世界の恒久的な平和を構築するには、全世界の人々が平和を希求する心を共有することが最重要であります。

今回のG7広島サミットは、この平和に対する認識を各国で共有し、各国の国民の生命や財産を守っていくことにつながると確信しております。このG7広島サミットを通して平和と国際秩序、そして普遍的な自由と民主主義を守るために議論し、世界の平和の実現を広島から発信してまいりましょう。

衆議院議員　新谷　正義

G7サミットでは、平和と世界の相互協力が議論されます。その開催地が広島であるという意義を、改めて多くの県民が感じているようです。個々の違いはあれど、進む道も願う心もそれは一つです。「国際平和文化都市ヒロシマを通じて世界に平和を発信する」。「G7広島サミットガイドブック」に平和へのメッセージを掲載するのも同じ理由なのです。「世界の平和」というあまりにも大きな理想も、はじめの一歩は発信からです。平和を願う心、祈る気持ちは戦後78年たった現在でも「ヒロシマ」には永く脈々と褪せることなく続いて継承されています。そのヒロシマの地でのサミット…。私は広島出身の岸田総理が今回の議長国として、サミットを開催することが何事にもかえがたい理想の一歩、平和への一歩であると断言したい。

望み、願わなければ平和はやってきません。県民のDNAに流れる「平和への思い」が、今やっと世界にしっかりと伝わることを期待しながら、メッセージとしたいと思います。

吉田　実篤（広島県）

クラウドファンディングによるご支援に感謝いたします。

G7広島サミットガイドブック閲覧可能場所について

広島銀行様、広島信用金庫様にご協力をいただき、各支店にガイドブックを設置し、誰でも閲覧できるよう準備を進めています。また、タクシーでの移動中など、さまざまな場所で気軽にガイドブックが読める設置場所を、今後も増やしていきます。設置場所は「G７サミットガイドブック制作委員会」ホームページで公開いたします。G7広島サミットガイドブックから、より多くの人へ平和のメッセージが届きますように。

G7広島サミットガイドブック制作委員会ホームページ ▶ https://pressnet.co.jp/g7-summit/

G7広島サミットガイドブック制作委員会

多様性のある
社会を創る。

誰もが快適に安心して暮らせる社会。
「次世代都市プロジェクト」
HESTA SMART CITY

HESTA（ヘスタ）
公式アンバサダー
GENKINGさん

「誰もが生まれてきてよかった」と思える社会づくりをめざして。

多様な価値観にお応えできる、製品やサービスの開発を通じて
「誰もが、どこでも快適で安心して暮らせるスマートシティ」の構築に取り組んでいます。

スマートホーム

電気消して！

声をかけるだけで、日々の家事をサポート

SECURITY
HESTA
防犯・警備

オイ！泥棒！
録画しているぞ！

1日35円でできるHESTAの防犯・警備

オンライン診療

ご自宅で高度な遠隔診療を

「次世代都市プロジェクト」
HESTA SMART CITY

G7広島サミットガイドブック制作委員会規約

名　　　称	G7広島サミットガイドブック制作委員会
所　在　地	広島県広島市中区胡町5-12　東劇ビル9階
目　　　的	・「G7広島サミットガイドブック2023」を、2023年4月末に全国書店、関連先で販売する
	・ガイドブックに紹介された飲食店、ホテル及び宿泊施設、銘菓子店等で利用できる「共通金券」を販売する
委 員 の 選 任	委員については適宜　委員長が選任をする
委員会の構成	委員長　1名
	副委員長　1名
	委員　　4名
	専門委員　若干名
委員会での 　決議について	・記事については、専門委員から提案された内容を委員会で決議する
	・広告については、掲載基準、広告料金、担当者を正、副委員長で決議する
	・その他の決議は正、副委員長で決める
監　査　役	税務上の業務のため、監査役を1名おく
設 立 年 月 日	令和4年11月1日
期　　　間	令和4年11月1日より令和6年4月末日までとする
剰　余　金	クラウドファンディングを含めた剰余金については、「公益財団法人　ひろしまこども夢財団」に寄附する

事業収支について

　　本プロジェクトの収支は、G7広島サミットガイドブック制作委員会の中で公開、監査し、本の販売、広告収益、クラウドファンディング、直販から経費一式を差し引いた利益を「公益財団法人　ひろしまこども夢財団」に寄附させていただき、こども食堂事業に役立てていただきます。

公益財団法人　ひろしまこども夢財団　　TEL 082-212-1007

公益財団法人 ひろしまこども夢財団では、広島県の明日を担う子どもの健やかな成長を願い、

1.安心して子どもを生み育てることができる環境づくり

2.子育て家庭や子育て応援活動を支援することにより、子どもが夢を待ち、子育てに喜びが持てる社会の構築に寄与すること
　を目的とし、民間団体としての機能を生かした子育て支援事業を推進しております。

こうした中、当財団では、県民の皆様や企業・団体の皆様のご支援による、より一層充実した子育て支援事業の展開をめざし、寄附金をお願いしております。寄附は次のとおりです。

こども食堂事業への寄附 ［使途指定寄附］	広島県内で活動するこども食堂の立上げ・運営の支援を目的とする補助金交付などに活用させていただきます。

あとがき

・G7広島サミット開催を機に、広島の魅力を日本全国、世界に伝える。
・広島の食文化の歴史、観光情報、名店、名宿をお伝えすることで、新型コロナ感染症の影響や物価高騰に苦しむ各業界を応援する。
・収益を公益財団法人　ひろしまこども夢財団に寄附することで、「こども食堂」に夢を創る。

　この3つのミッションのためにG7広島サミットガイドブックは生まれました。
　また、「ヒロシマ」の平和への強い思いと願いに微力ながらお手伝いしたいと考え、クラウドファンディングによる「平和へのメッセージ」も併せて掲載致しました。
　心から応援いただいた中本隆志様、また近藤博樹様、出嶋良信様本当にありがとうございます。
　快くG7広島サミットガイドブックの購読、宣伝に参加していただいた広島銀行をはじめとする各金融機関様。G7広島サミットガイドブックをＰＲしていただいた広島県下のタクシー会社の方々。クラウドファンディング成功にご尽力いただきました新谷幸義様。「感謝」の言葉しかありません。
　そして最後に…
　大手新聞社がこれまで出してきた「サミットガイドブック」を「広島の仲間」と共に創刊させるチャンスをいただいた津田衛様。ありがとうございました。

　　記録として永久に残る本

　　記憶に燦然と輝き、残る本

　　多くの人々の思いを伝える本

　　本というものだけが持つパワーと、魅力をこれからも信じて……

G7広島サミットガイドブック制作委員会

委員長　川口　伸二

G7 HIROSHIMA SUMMIT GUIDE 2023

G7広島サミットガイドブック2023

2023年4月26日第1刷発行

発　行	G7広島サミットガイドブック制作委員会 〒730-0021　広島県広島市中区胡町5-12　東劇ビル9F　tel.082-259-3121
発行責任者	川口伸二
編　集	津田衛、福本晋平、日川剛伸、橘髙京子、梶津利江、待田克彦、繁澤聡 川口翔平、黒杭夏望、土肥眞也、正光大雅、元道三貴、小勝負千恵、津島弘美 住吉理恵、鷲見礼、新谷早希、高橋朋子、田中千里、三好尚子、小田原真樹 大西俊章
デザイン	中浜真一、上野いずみ
翻　訳	栗原朋子（一般社団法人ひろしま通訳・ガイド協会） 伊藤裕子、稲田早紀
編集統括	橋本礼子
企　画	株式会社総合広告社 株式会社YSBダイレクト
取材協力	外務省 アメリカ合衆国大使館 カナダ大使館 ドイツ連邦共和国大使館 英国大使館 イタリア大使館 フランス大使館 広島県 広島サミット県民会議事務局 一般社団法人広島県観光連盟 広島県ホテル旅館生活衛生同業組合 広島県料理業生活衛生同業組合
編集協力	一般社団法人広島県観光連盟 広島県商工労働局観光課 北岡三千男 有本隆哉 村上和秀
協　力	株式会社大進本店　山本茂樹 月刊ウェンディ広島
G7広島サミット ガイドブック制作委員会	川口伸二、津田衛、岡村清、石濱真、近藤博樹、西村修、北岡三千男 佐々木克己、有本隆哉、下原一晃、天野泰斉、岡崎純也、花岡正道、髙橋実 出嶋良信、内藤勇三、三好亜樹、稲田優美、清水夢奈、伊藤絵理、竹内優加里
クラウドファンディング	道田昌吾、岩井清一
制作統括	中浜真一
印　刷	サンケイ総合印刷株式会社
発　売	株式会社ザメディアジョン 〒733-0011　広島県広島市西区横川町2-5-15　TEL.082-503-5035

ISBN978-4-86250-768-6　C0031